AF747617

Copyright © 2025 Williamson J. H. Brigido

Todos os direitos reservados. Nenhuma parte desta publicação poderá ser reproduzida, armazenada ou transmitida, por qualquer meio ou forma — eletrônico, mecânico, fotocópia, gravação, digitalização ou qualquer outro — sem autorização prévia e por escrito do autor.

É proibida a reprodução ou distribuição deste livro, no todo ou em parte, por quaisquer meios, para fins comerciais ou não, sem a devida autorização.

ISBN: 978-65-01-84567-8

Primeira edição, 2025

Impresso e encadernado por Kindle Direct Publishing

Dados Internacionais de Catalogação na Publicação (CIP)
(Câmara Brasileira do Livro, SP, Brasil)

Brigido, Williamson J. H.
A teia da causalidade : descobrindo o que realmente move o mundo : o mundo não é feito de coincidências, é feito de fios / Williamson J. H. Brigido. -- Brasília, DF : Ed. do Autor, 2025.

ISBN 978-65-01-84567-8

1. Causalidade 2. Ciências da comunicação 3. Filosofia I. Título.

25-322679.0 CDD-100

Índices para catálogo sistemático:

1. Filosofia 100

Eliete Marques da Silva - Bibliotecária - CRB-8/9380

Prefácio

É com imenso prazer e um profundo senso de responsabilidade intelectual que aceitei o honroso convite para prefaciar esta obra importante de Williamson J. H. Brigido, cuja trajetória de pesquisa rigorosa e produtiva tenho acompanhado desde seus primeiros passos acadêmicos. Nosso diálogo, que floresceu primeiro na relação de orientação durante seu doutorado e evoluiu para uma frutífera colaboração entre pares, tem como terreno comum a fascinação pela estrutura fundamental da realidade e do conhecimento. O trabalho de Brigido ressoa e se entrelaça de forma vibrante com minhas próprias investigações em ontologia formal, às quais dedico minha vida acadêmica há quase duas décadas no Instituto Tecnológico de Aeronáutica (ITA). Esse privilégio de testemunhar de perto a maturação de seu pensamento me permite não apenas endossar, mas contextualizar com entusiasmo a contribuição única que este livro representa para o campo. Mais do que um simples elogio, este prefácio busca situar a obra no horizonte mais amplo das ciências que buscam explicar o "porquê" das coisas.

Vivemos na chamada Era dos Dados, um período histórico marcado pela capacidade sem precedentes de coletar, armazenar e processar informações. Nesse contexto, a urgência por transformar dados brutos em conhecimento acionável, ou seja, por compreender não apenas como os elementos de um sistema se correlacionam, mas como eles se organizam causalmente e de que modo certas variáveis são, de fato, geradoras de resultados específicos, tornou-se o Santo Graal de diversas disciplinas, da economia à epidemiologia, da ciência da computação às políticas públicas. No entanto, esse cenário gerou uma lacuna perigosa, pois de um lado há uma proliferação de tratados estatísticos de altíssimo rigor, porém frequentemente herméticos e desconectados dos problemas reais, e de outro, uma enxurrada de manuais técnicos que ensinam a clicar em softwares sem fornecer a compreensão conceitual mínima para interpretar seus outputs de forma crítica. É nesse vácuo entre a teoria inacessível e a prática cega que a obra de Brigido se ergue com notável solidez e clareza.

Este livro se destaca por seu compromisso férreo com uma práxis inteligente, um fazer que é permanentemente iluminado pela reflexão. Em vez de um tratado árido, o leitor encontrará um guia cuidadoso, repleto de exemplos retirados de domínios variados, códigos de programação minuciosamente comentados e uma narrativa que transforma conceitos abstratos em ferramentas mentais tangíveis. A linguagem é deliberadamente acessível, um feito notável quando se lida com temas tão complexos. Essa clareza, porém, não é sinônimo de simplificação. Pelo contrário, ela é a expressão máxima de um domínio profundo do assunto. Em cada capítulo, percebe-se a consciência aguda do autor sobre os limites, pressupostos e armadilhas inerentes à análise causal. Há uma honestidade intelectual que perpassa toda a obra, lembrando-nos constantemente que modelar causalidade é um exercício de humildade científica, uma vez que nem todo modelo, por mais sofisticado, captura a verdade absoluta, seu valor está na capacidade de aproximar-se dela, de forma controlada e transparente, para apoiar decisões melhores.

O trunfo mais evidente de Williamson J. H. Brigido é sua capacidade quase cartográfica de observar um domínio de interesse, seja ele social, ambiental ou tecnológico, e visualizar com clareza ímpar sua topografia causal. Ele identifica os elementos constituintes, mapeia suas interdependências e isola os mecanismos gerativos que tecem a trama dos fenômenos. Para fundamentar essa abordagem, o autor não teme recorrer a uma motivação filosófica de profunda ressonância, citando o grande mito budista Nagarjuna: "Não existe fenômeno algum que surja de si mesmo, de outro, de ambos ou de nenhum. Os fenômenos surgem apenas da dependência de causas e condições." Essa máxima, escrita séculos atrás, ecoa com força surpreendente nos debates contemporâneos sobre ciência de dados. É a partir desse princípio fundamental de dependência originária que Brigido constrói sua ponte para a prática moderna.

Para ilustrar essa ponte, um dos exemplos mais didáticos e memoráveis do livro é a exploração magistral da distinção entre associação e causalidade. Tomemos o cenário clássico: no verão, os gráficos de vendas de sorvete e de incidentes de afogamento seguem em perfeita sincronia, mas no inverno, ambos descem juntos. A estatística descritiva ingênua poderia, aqui, gerar uma conclusão absurda e perigosa: "sorvetes causam afogamentos". O que Brigido faz com elegância didática é desvendar a estrutura oculta por trás dessa correlação espúria. Ele aponta para o fator de confusão: a temperatura ambiente. Dias quentes são uma causa comum que aumenta a probabilidade de dois eventos distintos, como comprar um sorvete para se refrescar e entrar na água para nadar. O aumento no nado, por sua vez, eleva a base de risco para afogamentos. Não há uma seta causal direta da sorveteria para o fundo do lago, mas há um nó causal anterior (o calor) que desencadeia duas cadeias de eventos independentes. Esse exemplo, aparentemente simples, é uma metáfora poderosa para os erros monumentais que podem ocorrer em áreas como medicina, marketing ou políticas sociais quando se confunde correlação com causa. A lição é clara: a verdadeira análise causal exige que pensemos em termos de sistemas e mecanismos, não apenas em termos de co-ocorrência.

A gênese e a autoridade deste livro são tão impressionantes quanto seu conteúdo. A obra é fruto do refinamento de uma dissertação de mestrado que já denotava um olhar singular, amadurecida pela experiência prática e pela imersão em alguns dos mais férteis ambientes intelectuais do mundo. A trajetória acadêmica de Brigido, que passou por instituições de excelência como a Universidade de Brasília (UnB), o Instituto Tecnológico de Aeronáutica (ITA), a Universidade Harvard e o Instituto de Tecnologia de Massachusetts (MIT), não resultou em um conhecimento fragmentado, mas sim em uma síntese rara e poderosa.

Ele conjuga, com rara maestria, o rigor matemático e teórico das melhores escolas do mundo com a mentalidade pragmática e resolutiva da ciência da computação aplicada. Essa dupla formação lhe permite fazer a tradução mais difícil e necessária: a de conceitos abstratos e formais em metodologias robustas, algoritmos implementáveis e, acima de tudo, insights compreensíveis e acionáveis.

Diante do exposto, não hesito em afirmar que esta é uma leitura indispensável para uma ampla gama de profissionais e estudiosos. Pesquisadores que precisam desenhar experimentos ou interpretar dados observacionais; analistas e cientistas de dados que almejam ir além dos dashboards e dos modelos preditivos superficiais; gestores e formuladores de políticas que dependem de evidências sólidas para tomar decisões; e até mesmo filósofos da ciência interessados na materialização prática de conceitos teóricos. Todos encontrarão neste livro um farol de clareza e um instrumento de trabalho valioso. Esse livro de Brigido possui todo o potencial para se consolidar como uma referência importante e duradoura em seu campo. Ele preenche uma lacuna crítica na literatura, oferecendo a tão necessária ponte entre o rigor e a relevância. Assim, concluo este prefácio não apenas com um endosso, mas com um convite ao leitor para mergulhar nas páginas que se seguem. Aceite o desafio intelectual proposto pelo autor e descubra, por si mesmo, como a compreensão das causas pode iluminar, de forma profunda e transformadora, a complexidade do mundo que nos cerca. A jornada promete ser tão rigorosa quanto recompensadora.

José M Parente de Oliveira

Prof. Titular, Instituto Tecnológico de Aeronáutica (ITA)

Prefácio

Conheci Williamson J. H. Brigido em um ambiente acadêmico e profissional de altíssimo nível, quando compartilhamos juntos uma turma de notáveis no MBA em Ciência de Dados da Fundação Getulio Vargas em 2016. Sendo a FGV, alma mater de excelência, que reúne profissionais com trajetórias consolidadas e forte rigor intelectual. E mesmo nesse contexto altamente competitivo, Williamson se destacava de forma consistente.

Seu diferencial não estava apenas no domínio técnico, mas em uma busca constante por conhecimento profundo, além do ensinado em aula. Ele não aceitava respostas superficiais. Questionava os professores, reconstruía argumentos, e fazia questão de trazer os modelos sempre em primeiro lugar, antes das ferramentas, do código ou da implementação. Era evidente sua preocupação em entender a estrutura dos problemas, não apenas seus sintomas.

Esse compromisso com o aprendizado vinha acompanhado de um traço raro de abnegação acadêmica. Pois, ele se deslocava de Brasília para São Paulo todos os finais de semana, ao longo de todo o curso, movido exclusivamente pelo desejo de aprender, evoluir e absorver o máximo daquele ambiente intelectual. Essa atitude dizia muito sobre sua seriedade, disciplina e vocação para o estudo de longo prazo qualidades que se refletem diretamente nesta obra.

Esse traço se aprofundou ao longo de sua trajetória acadêmica posterior, que incluiu formação em escolas de excelência absoluta como ITA e MIT, sempre combinando rigor técnico com uma curiosidade filosófica pouco comum em áreas dominadas por pragmatismo imediato. Esse livro, "A Teia da Causalidade" é, no meu entendimento, a expressão madura dessa trajetória: um livro que não se contenta em ensinar métodos, mas que convida o leitor a mudar a forma como pensa sobre dados, decisões e ação no mundo.

Vivemos em uma era em que prever se tornou relativamente fácil, enquanto compreender continua difícil. Modelos estatísticos sofisticados, técnicas de machine learning e grandes volumes de dados passaram a responder com eficiência à pergunta "qual a chance de algo acontecer". No entanto, a questão verdadeiramente decisiva é "o que acontece se eu fizer algo diferente?" permanece, por muito tempo, fora do alcance dessas abordagens. É nesse espaço que a causalidade se impõe como linguagem de análise, e é exatamente esse espaço que este livro enfrenta de forma clara e consequente.

Durante meu doutorado na UCLA, tive a oportunidade de cursar a disciplina de Causalidade com Judea Pearl e acompanhar de perto seu entusiasmo quase contagiante ao discutir não apenas modelos formais, mas as implicações da causalidade na forma de pensar e na sociedade. Lembro-me, em particular, de uma palestra em que ele comentava um de seus artigos seminais publicados no periódico da Royal Statistical Society, no qual critica Karl Pearson, considerado o pai da estatística moderna, por ter deliberadamente limitado a noção de influência à correlação, abrindo mão, de forma consciente, de qualquer linguagem explícita sobre causa e efeito. Para Pearl, essa escolha moldou décadas de ciência baseada em associação, mas incapaz de responder perguntas sobre intervenção e ação.

É exatamente contra essa herança intelectual restritiva que "A Teia da Causalidade" se posiciona. Williamson constrói sua narrativa transitando com naturalidade da filosofia clássica ao pensamento contemporâneo de Pearl, dos mitos fundadores às aplicações práticas em ciência de dados, marketing, políticas públicas e tomada de decisão. O resultado não é apenas um manual técnico de inferência causal, mas um guia conceitual para quem deseja sair do reino das correlações e entrar no domínio da ação informada.

Um mérito adicional desta obra é sua honestidade intelectual. O autor não promete verdades absolutas nem fórmulas universais. Ao contrário, enfatiza continuamente o papel das suposições, dos limites dos dados e da necessidade de tornar explícitos os modelos mentais antes de qualquer cálculo. Em um campo frequentemente seduzido por números e pilotagem de ferramentas, essa postura é não apenas saudável, mas necessária.

Recomendo este livro a cientistas de dados, profissionais de tecnologia, pesquisadores, gestores e a todos que, em algum momento, perceberam que prever não é o mesmo que compreender, e que compreender não é o mesmo que transformar. A Teia da Causalidade oferece algo raro: não apenas ferramentas melhores, mas perguntas melhores.

Ao puxar os fios certos, Williamson não apenas revela a estrutura da teia, como também nos convida a assumir responsabilidade pelo modo como escolhemos interagir com ela.

Prof. Dr. Cesar A. C. Marcondes
Divisão de Ciência da Computação (IEC)
Instituto Tecnológico de Aeronáutica (ITA)
Departamento de Ciência e Tecnologia Aeroespacial (DCTA)
São José dos Campos, SP, Brasil

A Liam, Helena, Desiree, Brigido, Afrodite e Érica,
Pelo apoio incondicional que sempre me deram.
Vocês são os fios da teia da causalidade que me tornaram a pessoa que sou hoje.

A Miguel, Manu, Cassiano e Márcio,
pelos momentos compartilhados e pela inspiração.

Sumário

Lista de Figuras

Lista de Tabelas

Capítulo 1

Introdução e Contexto

1.1 Boa-viagem pela teia - Ontologia

IMagine você navegando por uma antiga tapeçaria bordada com linhas de ouro. Cada fio conecta destinos, refrata luz, cria padrões, influencia vizinhos e, de certa forma, determina o que acontece à frente. Essa tapeçaria é a teia da causalidade — uma rede em que eventos, intervenções e consequências estão entrelaçados. Nosso objetivo ao longo deste livro é apresentar essa teia, permitir que você a veja com clareza, e fornecer ferramentas para medir, analisar e interpretar como uma linha puxada de um extremo causa ondulações em toda a malha.

Se estivéssemos em uma festa com crianças, eu poderia dizer: "Quando você empurra a primeira fileira de dominós, por que cai a última?" A resposta não está apenas no dominó seguinte, mas em todos os vínculos — no espaço entre eles, na força aplicada, no tipo de mesa, no empurrãozinho inicial. Da mesma forma, em ciências, sociedade ou negócios, quando dizemos "X causou Y", há muito mais do que uma explicação simples. O que queremos medir? O que significa "causa"? E

— especialmente — o que podemos fazer para descobrir e validar que X realmente levou a Y, e não o contrário ou simplesmente uma coincidência?

Este é o horizonte que vamos explorar.

1.2 Por que estudar causalidade?

Vivemos em uma era de dados abundantes. Podemos observar milhões de registros, inventariar milhares de variáveis, fazer previsões sofisticadas. Mas há uma diferença crucial entre prever e entender o que acontece se agirmos. Imagine um médico que informa: "Você terá uma dor intensa amanhã." Isso é apenas uma previsão, baseada em dados históricos de pessoas que tiveram a mesma lesão que você. Agora imagine outra pergunta (intervenção), muito mais importante: "E se aplicarmos a analgesia correta, a dor desaparece?"

Essa segunda pergunta é totalmente diferente. Ela não quer saber o que vai acontecer, mas o que aconteceria se fizéssemos algo. E, para responder isso, previsões não bastam. É preciso entender causas.

Se você simplesmente confia em correlações ou associações entre dados, pode acabar acreditando que guarda-chuva causa chuva — ou que sorvete causa afogamento(VIGEN, 2015) — porque os dados se movem juntos, mas não há relação causal verdadeira. Isso é chamado de correlação espúria. Neste exemplo, quando aumenta o consumo de sorvete, também aumentam os casos de afogamento. Isso faz com que as duas variáveis tenham uma correlação positiva, mas isso não significa que sorvete causa afogamento, nem que afogamentos fazem as pessoas comprar sorvete. Existe uma terceira variável aí: calor. Imagine que você está em um verão bem quente, faz muito calor, as pessoas vão comprar mais sorvete, muito mais gente vai a praias, lagos e piscinas e com mais gente na água, aumenta o risco de afogamentos, acidentes aquáticos, falta de supervisão infantil, etc.. Portanto, o calor é a causa comum que afeta as duas variáveis. A causalidade oferece o mapa de "se eu fizer isto, então aquilo vai mudar", e não apenas "se eu ver isto, é provável que aquilo aconteça".

Para gestores públicos, analistas de risco, cientistas de dados, empreendedores ou curiosos: essa distinção muda tudo. Você quer não apenas saber o que aconteceu, mas o que poderia ter acontecido de forma diferente, o que vai acontecer se eu agir, o que vai deixar de acontecer se eu não agir. É aí que entram os métodos que medem causalidade.

1.3 Breve viagem pela história da causalidade

Para dar o tom, vamos passear por alguns marcos históricos para ajudar na compreensão e evolução dos modelos matemáticos.

As raízes da pergunta "por que?"

Desde os filósofos antigos, a pergunta era: "Por que algo acontece?" Aristóteles(ARISTóTELES, 1997) já falava em quatro tipos de causas — material, formal, eficiente e final — como se estivessem bordadas à tapeçaria. A pergunta era qualitativa, bonita, contemplativa, mas faltava uma métrica para saber quanto cada fio contribuía.

As Moiras (em grego antigo: *Moirai*, que significa "quinhões" ou "partes") são as deusas que personificam o destino na mitologia grega(BURKERT, 1987). Elas são responsáveis por medir, tecer e cortar o fio da vida de cada mortal, determinando seu destino desde o nascimento até a morte(BURKERT, 1987).

Quem Eram e Qual era o Seu Poder?

As Moiras são tipicamente representadas como três irmãs, filhas da deusa Nyx (Noite) ou, mais frequentemente, de Zeus e Themis (Ordem/Justiça)(BURKERT, 1987). Sua autoridade era absoluta, ou seja, nem mesmo os deuses do Olimpo, incluindo Zeus, podiam alterar os decretos das Moiras(BURKERT, 1987).

As três irmãs são(BURKERT, 1987):

- **Cloto** (*Klothon* - "A Fiandeira"): Ela fiava o fio da vida no seu fuso, representando o momento do nascimento.
- **Lachesis** (*Lakhesis* - "A Distribuidora de Quinhões"): Ela media o fio da vida com uma vara, determinando o comprimento e o sorteio (o quinhão de alegria e sofrimento) que caberia a pessoa, representando o tempo de vida.
- **Atropos** (*Atropos* - "A Inflexível"): Ela era a mais temida, pois cortava o fio da vida com uma tesoura, decretando o momento e a causa da morte.

O Ato de Fiar o Destino

A função das Moiras era estabelecer a lei cósmica e o *fatum* (destino). A imagem da fição e do corte é a metáfora central para a inevitabilidade do destino(BURKERT, 1987):

- **Fiação/Medição**: As Moiras garantiam que cada pessoa recebesse o seu "quinhão" justo (a sua Moira), uma porção predestinada de felicidade, sofrimento e tempo.
- **O Fio**: O fio de la ou linho representa a linha temporal da vida individual. Uma vez que o fio é tecido, o destino está selado.

- **A Tesoura de Atropos**: É o símbolo da morte irreversível e do fim, que nem mesmo Zeus podia reverter sem desorganizar a ordem universal.

Na mitologia nórdica, as representantes mais próximas das Moiras, a atuação das Nornas como fiandeiras do destino funciona como uma metáfora poderosa para a teia da causalidade: Urd, Verdandi e Skuld representam não apenas passado, presente e futuro, mas a interdependência dinâmica entre causas anteriores, processos em curso e consequências ainda não realizadas(ORCHARD, 1997). Assim como elas puxam, tecem e cortam fios no Poço do Destino sob Yggdrasil, também na causalidade cada evento nasce de fios já tecidos (Urd), é continuamente entrelaçado a outros fenômenos enquanto acontece (Verdandi) e projeta suas ramificações em futuros possíveis (Skuld)(ORCHARD, 1997). A Wyrd, o destino pessoal, emerge do entrelaçamento desses fios — uma rede complexa de interações onde nenhum acontecimento existe isoladamente, mas sempre como parte de um tecido maior. Nesse sentido, as Nornas não determinam um futuro rígido, mas ilustram como o passado condiciona o presente e o presente molda o futuro, tal como em modelos causais modernos, nos quais efeitos diretos, indiretos e contrafactuais se combinam para formar a "teia" de dependências que sustenta a realidade.

Sidarta Gautama (o Buda)

Sidarta Gautama (o Buda) falou extensamente sobre causalidade. Na verdade, toda a filosofia budista nasce da doutrina da causalidade, chamada: Pratītya-Samutpāda — Originação Dependente (em páli: Paṭicca-Samuppāda).

> 'Tudo surge devido a causas e condições; quando essas causas cessam, o fenômeno também cessa.' Mahanidana

> Sutta (O Grande Discurso da Causação - Dīgha Nikāya, DN 15)

O que Sidarta disse literalmente sobre causalidade
Aqui estão trechos fiéis dos sutras, em português:

> 'Quem vê a originação dependente vê o Dhamma; quem vê o Dhamma vê a originação dependente.' SN 12.20 – Paccaya Sutta (Samyutta Nikāya)

> 'Quando isto existe, aquilo surge. Quando isto não existe, aquilo não surge.' SN 12.1 – Nidāna-saṁyutta

Essa é a definição mais concisa de causalidade no budismo. O autor considera esse ensinamento como o mais profundo do Buda sobre causa-condição:

> 'O mundo normalmente se apega ao 'é' e ao 'não é'. Mas aquele que vê as coisas como surgindo em dependência não cai nessas visões.' SN 12.15 – Kaccānagotta Sutta

Ele está explicando que causalidade é relacional e não substancial — muito próxima do raciocínio de Nāgārjuna (que depois radicalizou esse insight).

Nagarjuna e a Causalidade

> 'Não existe fenômeno algum que surja de si mesmo, de outro, de ambos ou de nenhum. Os fenômenos surgem apenas da dependência de causas e condições.' (NAGARJUNA, c. 150)

A perspectiva filosófica de Nagarjuna ilumina a noção de destino como uma teia de dependências, em vez de uma força predeterminada e imutável. Assim como as Moiras gregas e as Nornas nórdicas simbolizam o entrelaçamento dos fios da vida, Nagarjuna sustenta que nenhum evento possui essência própria ou ocorre isoladamente; tudo surge de causas e condições. O destino, portanto, não é uma linha reta previamente traçada, mas um processo dinâmico que emerge da interconexão entre intenções, circunstâncias, relações e contextos(NAGARJUNA, c. 150). Cada fio só existe porque se apoia em outros fios. Dessa forma, compreender o destino e a rede causal que sustenta todos os fenômenos.

David Hume e John Stuart Mill

Séculos depois, David Hume(HUME, 1748) nos alertou: olhamos para A e B juntos, mas não vemos a "necessidade" da causa; apenas uma conjunção constante. John Stuart Mill(MILL, 1843) propôs métodos empíricos (concordância, diferença, variação), como o inventário de dominós e a observação de padrões. Mas, novamente, ainda sem uma formalização estatística robusta. Judea Pearl, ao revisitar essa trajetória no The Book of Why (PEARL; MACKENZIE, 2018), argumenta que Hume inaugurou um período de "cegueira causal": ao afirmar que nunca observamos a causa em si, mas apenas a repetição de eventos, ele reduziu a causalidade à conjunção constante. Mill, por sua vez, tentou restaurar essa noção propondo estratégias empíricas — como os métodos da concordância, diferença e variação concomitante (MILL, 1843). Porém, como Pearl destaca, esses métodos careciam de uma linguagem formal capaz de lidar com muitas variáveis simultaneamente. Faltava-lhes o que hoje chamamos de modelo causal, uma estrutura matemática capaz de representar intervenções, caminhos e efeitos indiretos. Assim, a ciência permaneceu, por séculos, restrita ao nível da associação, sem ferramentas para responder à pergunta essencial: o que aconteceria se fizéssemos diferente? (PEARL, 2009a).

O salto à estatística experimental

No século XX, a causalidade finalmente ganhou ferramentas concretas para sair do campo da filosofia e entrar na ciência quantificável. O primeiro grande salto veio com Ronald Fisher, que transformou a ideia de experimento em uma operação quase matemática. Sua obra clássica, The Design of Experiments (FISHER, 1935), introduziu a ideia de aleatorização: misturar unidades experimentais de forma que nenhuma causa oculta pudesse influenciar quem recebe o quê. Supondo que você queria saber se um certo medicamento funciona ou não. Você cria dois grupos: o de controle e o teste. Um não receberá o medicamento, mas possui a enfermidade. O outro possui a enfermidade e vai receber o medicamento. Amboos não sabem quem é quem, ou seja, quem recebe o medicamento ou não, já que um receberá uma pílula de farinha e outro receberá uma pílula verdadeira. É como se Fisher dissesse: "Se você quer saber se um remédio funciona, embaralhe as pessoas antes de dar o remédio."

É como escolher quem vai primeiro em um jogo usando pedra–papel–tesoura: você não deixa que fatores escondidos — como força, tamanho, favoritismo — decidam quem começa. Você deixa o acaso decidir. Essa aleatorização permite que o grupo "tratado" e o grupo "controle" sejam comparáveis como irmãos gêmeos separados na maternidade.

Depois veio Jerzy Neyman, em um manuscrito de 1923 republicado décadas depois(NEYMAN, 1990), que pode ser transformado em uma pergunta quase cinematográfica: "E se eu pudesse ver a mesma pessoa vivendo duas vidas diferentes — uma com o tratamento e outra sem?"

Ele chamou essas duas versões de "resultados potenciais"(NEYMAN, 1990):

- Y(1): o resultado se a pessoa receber o tratamento;
- Y(0): o resultado se a pessoa não receber.

Vamos entender isso melhor: imagine uma estudante universitária chamada Ana:

- Ana tomando café antes da prova tira nota 8.
- Ana, sem café, tiraria nota 6.

A diferença entre essas duas "Anas paralelas" seria o efeito causal do café sobre ela: 8 - 6 = 2 pontos. Intrigante, né? Contudo, há um problema: na vida real só vemos uma Ana, vivendo apenas um dos mundos. Neyman mostrou que, apesar dessa limitação, ainda podemos estimar os efeitos médios comparando grupos parecidos.

Foi Donald Rubin, décadas depois, quem unificou esse raciocínio e batizou formalmente o Modelo de Resultados Potenciais (RUBIN, 1974), também conhecido como Rubin Causal Model (RCM). Ele explicou tudo isso de forma ainda mais simples. Seria traduzido como: "A causalidade consiste em comparar o que aconteceu com o que teria acontecido". Rubin formalizou métricas como:

- ATE (Average Treatment Effect): o efeito médio do tratamento na população. Sua formulação matemática é algo como $ATE = E[Y(1) - Y(0)]$. "Nossa! Eu não entendo isso, você pode pensar". Então, pense o seguinte: ATE é como perguntar: se todo mundo tomasse café antes da prova, qual seria o impacto médio?
- ATT (Average Treatment Effect on the Treated): o efeito médio apenas em quem recebeu o tratamento. Sua formulação matemática é algo como $ATT = E[Y1 - Y0|T = 1]$. Qual é o ATE,

dado que sabemos que é uma pessoa do grupo que recebeu o tratamento? ATT é perguntar: entre quem tomou café, qual foi o benefício real?

ATC (Average Treatment effect on the Controls):O efeito médio do tratamento se as pessoas que não receberam o tratamento tivessem recebido. Sua formulação matemática é algo como $ATT = E[Y1 - Y0|T = 0]$. Seria como perguntar: "Como teria sido o resultado dessas pessoas se elas tivessem recebido o tratamento?"

Imagine que um novo remédio é administrado a 1.000 pacientes. A média de recuperação entre os tratados foi 80%. Entre pacientes comparáveis que não tomaram o remédio, a recuperação seria 65%:

$$ATT = 0.80 - 0.65 = 0.15$$

Interpretação: o remédio aumentou a taxa de recuperação em 15 pontos percentuais entre quem tomou.

Agora, imagine que um novo programa de exercícios físicos foi oferecido a uma população inteira de 10.000 pessoas. 4.000 pessoas participaram (tratados) e 6.000 não participaram (controle). Após um mês, medimos a redução média de pressão arterial (em mmHg):

- Média dos tratados: -5 mmHg;
- Média dos não tratados: -2 mmHg.

Queremos saber: "Qual é o efeito médio do programa se ele fosse aplicado a toda a população, tratada ou não?". Isso é o ATE.

$$ATE = (-5) - (-2) = -3$$

Interpretação: se toda a população participasse do programa de exercícios, a pressão arterial cairia, em média, 3 mmHg. Esse é o efeito causal na população como um todo, não apenas nos participantes.

Veja outro exemplo: um curso de capacitação profissional foi oferecido a 2.000 pessoas. 1.000 participaram (tratados). 1.000 não participaram (controles). Salário médio um ano depois:

- Tratados: R$ 3.000;
- Controles: R$ 2.500;
- Controles "equivalentes aos tratados" (após matching): R$ 2.400;
- Tratados "equivalentes aos controles" (após matching): R$ 2.600,

Queremos saber: Qual teria sido o salário dos não participantes, se eles tivessem participado?". Isso é o ATC.

$$ATC = 2600 - 2500 = 100$$

Interpretação: o programa aumentaria em R$ 100 o salário das pessoas que ficaram de fora.

Segue um breve resumo para você cristalizar esses conceitos:

Efeito	**Pergunta**	**Grupo-alvo**
ATE	Qual é o efeito médio do tratamento para todos?	População inteira
ATT	Qual é o efeito para quem de fato recebeu o tratamento?	Somente os tratados
ATC	Qual seria o efeito para quem não recebeu, se tivesse recebido?	Somente os controles

Tabela 1.1: Resumo dos principais efeitos causais no arcabouço Neyman–Rubin.

Rubin também mostrou a importância de garantir comparabilidade entre grupos — seja por aleatorização, seja por métodos estatísticos quando os dados não são experimentais.

Assim, Fisher criou a mecânica da aleatorização, Neyman imaginou universos paralelos ("o eu com tratamento" e "o eu sem tratamento"), e Rubin organizou tudo em uma teoria coerente capaz de ser aplicada tanto em experimentos quanto em estudos observacionais. Juntos, eles forneceram o alicerce moderno da inferência causal que usamos até hoje.

Modelos estruturais e múltiplas variáveis

Com Sewall Wright, nos anos 1920 e 1930, nasceu uma das primeiras formas práticas de "desenhar" causalidade. Wright, um geneticista brilhante, queria entender como características de animais — como cor do pelo ou tamanho — eram afetadas por múltiplos genes. Ele percebeu que não bastava olhar para correlações; era preciso representar caminhos causais. Assim surgiu o conceito de path coefficients, apresentado em seu trabalho clássico (WRIGHT, 1921, 1934).

De maneira simples, Wright imaginava as relações entre variáveis como um conjunto de setas: → uma seta indica que algo influencia outra coisa e cada seta tinha um número, o coeficiente de caminho, que representava o "peso" dessa influência. Para imaginar isso intuitivamente, pense em um sanduíche:

- o tipo de pão influencia o sabor final,
- o tipo de queijo também,
- e o molho influencia ainda mais.

Cada ingrediente envia uma "seta" para o sabor final. Alguns ingredientes influenciam diretamente; outros influenciam através de outro

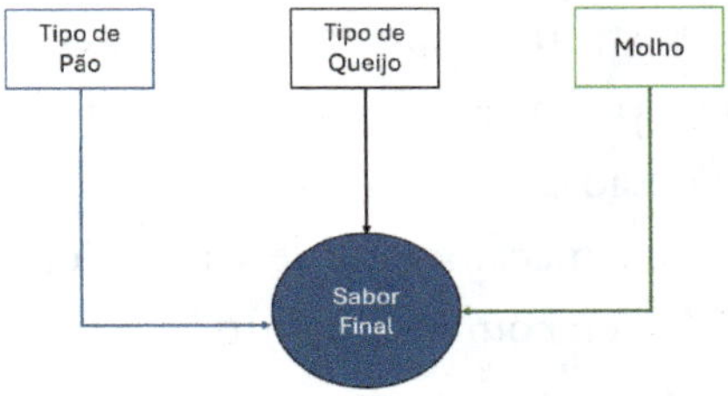

Figura 1.1: Coeficiente do Caminho

(por exemplo, o queijo influencia a forma como percebemos o molho), conforme imagem 1.1. Isso é exatamente o que Wright queria medir nos genes.

Décadas depois, nos anos 1960 e 1970, Karl Jöreskog desenvolveu algo muito mais amplo: o SEM — Structural Equation Modeling (JÖRESKOG, 1969, 1970). Enquanto Wright lidava com variáveis observáveis, Jöreskog trouxe para o jogo algo novo: as variáveis latentes — coisas que não podemos observar diretamente, mas que podem ser inferidas, como:

- inteligência;
- satisfação;
- ansiedade;
- qualidade de vida.

É como tentar medir "felicidade": você não consegue perguntar ao universo qual é o valor verdadeiro, mas pode usar indicadores como:

- frequência de risos;
- qualidade do sono;
- conexões sociais;

- nível de estresse.

Cada um desses indicadores aponta para a variável latente "felicidade".

O SEM permitiu que pesquisadores construíssem modelos enormes, com múltiplas setas, fatores latentes e rotas de influência cruzadas. Era como ter um mapa completo do metrô, em que cada linha representava uma relação causal potencial. Mas havia uma limitação: a inferência causal ainda dependia fortemente da teoria do pesquisador. O método calculava números, avaliava o ajuste e a coerência... mas não dizia se aquele modelo representava a realidade. Quem decidia era o cientista. Na verdade, isso ainda é verdade. Veremos mais tarde, em capítulos futuros, que saber quais variáveis são confundidoras é muito importante para desenhar o modelo causal.

Se alguém montasse um modelo errado, o SEM não reclamaria — ele apenas calcularia os resultados.

Um exemplo simples: imagine que você acredita que comer cenoura melhora a visão porque "todo mundo diz isso". Você monta um SEM dizendo: *Comer cenoura* $\rightarrow$ *Melhor visão*. Nesse momento, é como se o "software SEM" aceitasse essa estrutura. Ele estima os coeficientes e até te dá bons índices de ajuste. No entanto, se o modelo estiver errado, o SEM não vai te impedir. Esse é o motivo pelo qual Pearl(PEARL, 2009a; PEARL; MACKENZIE, 2018) afirma que SEM é mais "confirmatório" do que "descobridor": você precisa já ter o mapa certo.

Wright e Jöreskog, portanto, deram ferramentas visuais e matemáticas para representar causalidade, mas não para testar se a estrutura era correta. Foi somente com os modelos causais gráficos de Pearl — décadas depois — que a ciência adquiriu regras formais para identificar quando uma seta está correta, quando há confundimento e quando é possível estimar um efeito causal com segurança(PEARL; MACKENZIE, 2018).

Causalidade em séries temporais

Nos anos 1960 e 1970, algo curioso aconteceu na econometria: pesquisadores começaram a perceber que nem sempre a pergunta "X causa Y?" precisava ser respondida com experimentos ou teorias sofisticadas. Às vezes, bastava olhar para o passado. Foi assim que o economista Clive W. J. Granger desenvolveu a ideia de causalidade de Granger, que mais tarde lhe renderia o Prêmio Nobel. Sua lógica básica, apresentada em artigos pioneiros (GRANGER, 1969, 1980), era surpreendentemente simples:

"Se o passado de X ajuda a prever o futuro de Y, melhor do que o próprio passado de Y, então dizemos que X 'Granger-causa' Y."

Imagine que você acompanha seu humor diário no celular. Depois de meses de registro, você percebe o seguinte padrão:

- quando você dorme mal por duas noites seguidas;
- dois dias depois seu humor costuma cair.

Se os registros de sono melhoram a previsão do seu humor, então: *Sono Granger → causa humor*. Isso não significa que sono biologicamente causa humor — apenas que há informação temporal útil.

Imagine que toda vez que um criador famoso posta vídeo na segunda, sua timeline fica lotada de memes na terça, então: *Vídeos do criador Granger → causam memes na sua timeline.*

É tudo baseado no poder de previsão, não em manipular o criador de conteúdo!

Depois de Granger, os economistas perceberam outro fenômeno: algumas séries caminhavam juntas no longo prazo, mesmo quando cada uma delas era instável isoladamente. Isso levou ao conceito de cointegração, criado por Granger e Robert Engle — que também ganhou Nobel. A cointegração foi formalizada em artigos clássicos dos anos 1980 (ENGLE; GRANGER, 1987; JOHANSEN, 1988).

Para visualizar isso, imagine dois amigos andando pelo shopping: cada um pode dar passos diferentes, ir para lojas diferentes, mas sempre voltam a ficar próximos, porque um sempre espera o outro. Eles são "instáveis" por conta própria, mas estáveis juntos. Isso é cointegração.

Por fim, nos anos 1990, Toda e Yamamoto perceberam que muitas técnicas econométricas falhavam quando séries tinham raízes unitárias (ou seja, eram instáveis). Eles propuseram um método robusto para testar causalidade de Granger sem se preocupar tanto com pré-testes. Seu artigo de 1995 (TODA; YAMAMOTO, 1995) virou referência mundial.

Como ficaria isso? Imagine que você quer descobrir se chuva prevê trânsito, mas nem sempre sabe se seus dados estão "estáveis" (se as medições mudam muito ao longo do tempo). O método Toda–Yamamoto é como uma "gambiarra elegante": você aumenta um pouco a ordem do modelo, faz o teste nas primeiras partes e evita explosões matemáticas.

Mas (essa é a parte crucial) tudo isso ainda está no nível da previsão. Esse tipo de causalidade responde: "O passado de X ajuda a prever Y?". Mas não responde: "Se eu mudar X de propósito, Y mudará?"(que seria uma intervenção, o operador do(X) de Pearl).

Por isso, dizemos: Causalidade de Granger não é causalidade no sentido intervencionista. A primeira mora no mundo da predição; a segunda mora no mundo da ação.

Tecnologias gráficas e descobrimento estrutural

A partir dos anos 1980, a causalidade ganhou uma nova linguagem: uma linguagem visual. Em vez de depender apenas de equações ou tabelas, alguns pesquisadores começaram a representar causas e efeitos usando grafos dirigidos. Esses grafos, quando não contêm ciclos, passaram a ser chamados de DAGs — Directed Acyclic Graphs. Trabalhos fundamentais nessa linha incluem os de Lauritzen e Spiegelhalter sobre redes bayesianas (LAURITZEN; SPIEGELHALTER, 1988), e artigos de

Verma e Pearl que estabeleceram as bases para o raciocínio causal gráfico (VERMA; PEARL, 1988).

Com os DAGs, tornou-se possível expressar graficamente quando duas variáveis são independentes, quando precisam ser condicionadas ou quando escondem relações indiretas. A ferramenta central para isso foi a d-separation, introduzida na literatura por Pearl (PEARL, 1988).

Mas o que é d-separation? Imagine que as variáveis são cidades, e as relações causais são estradas. A d-separation é uma regra que diz quando um caminho está bloqueado por outra cidade, e quando está aberto. Um caminho bloqueado significa que uma variável não tem informação sobre a outra, dado o que sabemos.

Assim, uma rede causal começa a se parecer com um mapa, onde cada rua (seta) conta uma história de influência.

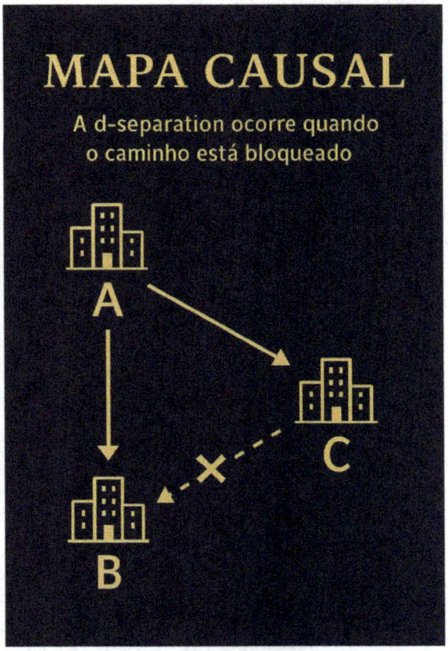

Figura 1.2: D-Separation

Na imagem 1.2, isso significa que, na lógica da d-separation, C não consegue enviar informações para B, e C também informa alguma coisa útil sobre A, mas não informa nada útil sobre B. A cidade A envia informações para B e para C.

Nos anos 1990, o próximo passo foi tentar descobrir o grafo diretamente dos dados. Se antes era preciso que o cientista desenhasse o DAG, agora algoritmos passaram a propor estruturas causais automaticamente. Entre os algoritmos mais famosos estão:

- PC Algorithm (Peter Spirtes e Clark Glymour) (SPIRTES; GLYMOUR, 1991);
- FCI Algorithm (Spirtes, Glymour e Scheines) (SPIRTES; GLYMOUR; SCHEINES, 2000);
- GES — Greedy Equivalence Search (Chickering)(CHICKERING, 2002).

Para entender isso, imagine que você tem várias pegadas na areia e quer descobrir quem caminhou com quem - sem ver as pessoas, só olhando as marcas. Os algoritmos PC, FCI e GES fazem exatamente isso: analisam "pegadas estatísticas" (independências e correlações), testam hipóteses sobre quem está conectado com quem, removem caminhos impossíveis e tentam reconstruir o mapa causal.

Não é perfeito - porque alguns caminhos podem ser ambíguos - mas é uma revolução. Pela primeira vez, computadores puderam "adivinhar" causalidade estrutural em vez de apenas calcular correlações ou associações não lineares.

Com os DAGs, a causalidade ganhou o que Judea Pearl chama de um mapa gráfico: se você sabe quais fios estão conectados, então pode prever o que acontecerá quando mexer em algum deles. Pearl explica detalhadamente que uma vez que o grafo está estabelecido, é possível aplicar o operador do-calculus para entender os efeitos de intervenções (PEARL, 2009b).

Assim como em uma teia de fios coloridos, puxar um fio altera a posição dos outros (o DAG serve como o mapa para saber quais fios se movem e quais ficam firmes). Foi esse avanço — a linguagem gráfica da causalidade — que preparou o terreno para toda a revolução causal moderna.

O unificador: SCM e do-cálculo

Nos anos 1990 e 2000, a causalidade passou pela maior revolução da sua história moderna (uma revolução conduzida principalmente por Judea Pearl, que consolidou o Modelo Estrutural Causal (SCM) e introduziu o conceito de intervenção formal, o famoso Do(X=x)). Esses avanços foram apresentados sistematicamente em sua obra monumental Causality (PEARL, 2009b), que reuniu em um só lugar:

- diagramas causais;
- regras matemáticas para intervenção;
- contrafactuais;
- identificação causal;
- e critérios gráficos como d-separation.

Antes de Pearl, causalidade era dividida entre vários campos: filósofos falavam de contrafactuais, estatísticos falavam de regressão, epidemiologistas falavam de confundimento, engenheiros falavam de sistemas estruturais. Pearl pegou tudo isso e criou uma língua franca, pela primeira vez unificada.

Para entender o tamanho disso, imagine que a ciência era como um grupo de jovens tentando montar um computador, mas um falava apenas português, outro só inglês, outro só japonês, outro só russo. Cada um tinha uma parte da máquina (a placa-mãe, a memória, o processador), mas ninguém conseguia conversar.

Pearl criou uma linguagem universal, clara e lógica, que todos podiam usar para montar o "computador da causalidade".

O conceito central dessa linguagem é o do(X=x), que representa uma intervenção. É como apertar um botão no mundo: "O que acontece se eu fizer X acontecer, em vez de só observar?". Pense no YouTube por um instante. Observar é quando você assiste vídeos recomendados pela plataforma. Intervir é quando você procura manualmente "gatos engraçados" (você força o sistema a te mostrar aquilo).

O do(X) é isso: forçar uma variável a tomar um valor, bloqueando influências externas.

Outro pilar do SCM são os contrafactuais, que respondem perguntas do tipo: "O que teria acontecido comigo, se eu tivesse feito algo diferente?"

Imagine que você fez um curso online e conseguiu um emprego. A pergunta causal verdadeira é: "E se eu não tivesse feito o curso... eu ainda teria conseguido o emprego?"

Pearl mostra como calcular esse tipo de pergunta, combinando grafo causal, modelo estrutural e dados observados.

Essas ideias foram formalizadas em Causality (PEARL, 2009b), mas ficaram famosas para o grande público quando Pearl lançou The Book of Why (PEARL; MACKENZIE, 2018). Nesse livro, ele explica causalidade usando exemplos como acidentes de trânsito, histórias de médicos e até o paradoxo de Simpson (tudo de forma acessível e divertida). Sugerimos a leitura de ambos aos nossos leitores.

A contribuição essencial de Pearl é que, a partir dos anos 2000, ficou possível falar de causalidade com precisão matemática e clareza visual, como se estivéssemos lendo um mapa. Não só entendemos quem causa quem, mas também aprendemos a responder:

- O que acontece se eu agir?
- Quanto desse efeito é direto ou indireto?
- Eu posso identificar esse efeito só dos dados?
- Posso refutar minha hipótese?

Pearl não apenas criou ferramentas; ele criou uma nova forma de pensar. Em seu livro "The Book of Why: The New Science of Cause and Effect"(PEARL; MACKENZIE, 2018), ele conceitua a ladeira da causalidade, conforme imagem 1.3.

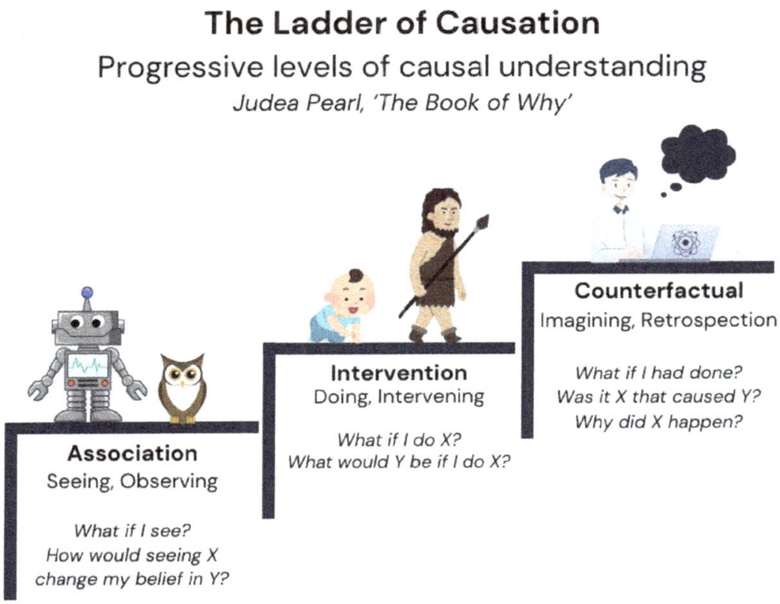

Figura 1.3: Ladeira da Causalidade. Fonte: LinkedIn (CausAI BV, 2024)

Vamos imaginar que você está observando o mundo através de **três óculos mágicos**, cada um oferecendo um tipo diferente de entendimento sobre a realidade.

1º Nível — ASSOCIAÇÃO (Ver)

Pergunta-chave: *"O que eu vejo?"*

É como usar um óculos que apenas observa padrões, sem compreender suas causas. Pense nele como um **papagaio inteligente**: ele repete o que ouve, mas não entende o significado.

Exemplo do sorvete:

Você percebe que, em dias de calor, as vendas de sorvete aumentam e os casos de afogamento também. O papagaio diz:

"Sorvetes e afogamentos andam juntos!"

Mas ele não sabe por quê — apenas descreve o padrão observado.

Poder deste nível: Identificar padrões e correlações. **Limitação:** Nenhuma noção de causa.

2º Nível — INTERVENÇÃO (Fazer)

Pergunta-chave: *"O que acontece se eu fizer algo?"*
Agora você veste o óculos de um **cientista experimental**. Você não quer apenas ver o mundo — quer agir sobre ele.

Continuando o exemplo:
Pergunta: *"Se eu proibir a venda de sorvetes, os afogamentos diminuem?"*
Resposta: NÃO. Porque o verdadeiro causador é o **calor**: dias quentes trazem mais pessoas para a praia $\Rightarrow$ mais sorvete $\Rightarrow$ mais afogamentos.

Poder deste nível: Descobrir efeitos ao manipular variáveis. **Limitação:** Ainda não consegue responder perguntas hipotéticas complexas.

3º Nível — CONTRAFACTUAL (Imaginar)

Pergunta-chave: *"E se tivesse sido diferente?"*
Agora você coloca o óculos mais poderoso: o do **viajante do tempo mental**. Você é capaz de imaginar realidades alternativas e compará-las ao mundo real.

Exemplo:
João se afogou depois de comprar um sorvete.
Você pergunta:

- **"Se João NÃO tivesse comprado sorvete, ele teria se afogado?"** $\Rightarrow$ Muito provavelmente **sim**, porque o sorvete não causa afogamento.
- **"Se não tivesse feito calor, João teria se afogado?"** $\Rightarrow$ Agora a resposta é **não**.

Poder deste nível: Construir cenários alternativos e revelar as causas verdadeiras — aquelas que realmente fazem diferença.

1.4 Na prática: o que mudou então com a nova abordagem?

Acima você viu perfeitamente a limitação dos modelos tradicionais ou clássicos: eles são ótimos para calcular e testar o ajuste de um modelo pré-especificado, mas não ajudam o pesquisador a decidir se a estrutura causal está correta. O que mudou, então, para o modelo atual? A ferramenta que vamos utilizar nesse livro, o DoWhy aborda isso de várias maneiras:

- Força a explicitagem do grafo causal. Como assim? Antes de qualquer análise, você deve definir o DAG e tornar as suposições explícitas.
- Identificação automática: O DoWhy utiliza os critérios de Pearl (como backdoor, frontdoor e instrumental variables) para determinar se o efeito causal é identificável a partir do grafo e dos dados disponíveis.
- Transparência sobre suposições: Se o efeito não for identificável, o DoWhy avisa e explica por que (por exemplo, falta de variáveis para controlar o confundimento).
- Refutações sistemáticas: O DoWhy fornece métodos para testar a robustez das estimativas, o que ajuda a verificar se o modelo está correto.

Na vida real, o DoWhy não impedirá você de especificar um modelo errado, mas você teria que tornar explícito que assume que não há confundidores adicionais. Se houver confundidores conhecidos, você pode adicioná-los ao grafo e o DoWhy dirá se o efeito é identificável. Você pode usar refutações para testar se a estimativa é robusta (por exemplo, se adicionar um confundidor aleatório muda muito a estimativa).

Assim, o DoWhy não substitui o conhecimento do pesquisador, mas fornece um framework para tornar explícitas as suposições e testá-las, reduzindo o risco de modelos mal especificados. Na prática, o DoWhy não descobre automaticamente o grafo correto (confundidor não conhecido, por exemplo), ele ainda depende do pesquisador especificar as relações ou pode usar o "discovery" para inferir grafos causais nos dados conhecidos, contanto que se assuma que todos os dados necessários para a análise estão ali presentes. No entanto, ele pode calcular estimativas para modelos errados (se o efeito for tecnicamente identificável). A grande vantagem aqui é: O DoWhy torna o processo transparente e testável. Veja o resumo na tabela 1.2 abaixo:

Tabela 1.2: Comparação Direta Entre os Métodos Clássicos e DoWhy

Aspecto	Métodos Tradicionais	DoWhy
Especificação do modelo	Aceita silenciosamente	Força explicitagem
Identificação causal	Assume que o pesquisador acertou	**Aplica critérios formais de Pearl**
Modelo errado	Calcula números sem aviso	Pode avisar que não é identificável
Robustez	Índices de ajuste estatístico	**Testes de refutação causal**
Papel do pesquisador	Dono da verdade causal	Especifica suposições testáveis

1.5 Objetivo deste livro

Será utilizada a abordagem definida por Judea Pearl tanto quanto possível. Vamos abordar casos práticos para fixação do conhecimento e utilizar uma ferramenta prática denominada de DoWhy. O DoWhy é um pacote em Python para que você declare um grafo, identifique o efeito causal, estime com dados, e refute com testes de robustez. Séries, cross-sections, intervenções — tudo será abordado.

Este livro vai te equipar com um superpoder: a capacidade de descobrir relações de causa e efeito nos dados. Seguindo a revolucionária abordagem de Judea Pearl, você vai:

- Aprender fazendo: Casos reais + código pronto com DoWhy (Python);
- Do básico ao avançado: Causalidade simples → Mediação → Séries temporais → Machine Learning causal;

- Foco na prática: menos matemática, mais interpretação e "o que fazer quando...'

Para quem é indicado? Para qualquer pessoa que queira parar de dizer "isso está correlacionado" e passar a afirmar "isso provavelmente causa". Contudo, é necessário algum conhecimento de Python (linguagem de programação). O livro não vai ensinar o que é um dataframe, como importar e usar objetos em Python, então, para quem conhece a linguagem, será muito mais fácil a assimilação. A versão do DoWhy utilizada aqui é 0.14.

1.6 Como usar este livro

Cada capítulo é uma jornada descomplicada:

- Começa com uma história - metáforas do mundo real;
- Mostra o método - quando usar, como interpretar;
- Exercício prático - código DoWhy com dados simulados;
- Perguntas que importam - para fixar o conhecimento.

Bônus: checklist no final para você aplicar imediatamente em seus projetos!

Os códigos de programação estão disponíveis no GitHub* para consulta posterior e para maiores detalhes.

1.7 Por que este livro é diferente

Em vez de ser um tratado rigoroso de teoria estatística pura, ou um manual de software seco, este livro quer:

---

*<https://github.com/JohnnyEngineer/WebOfCausationBook>

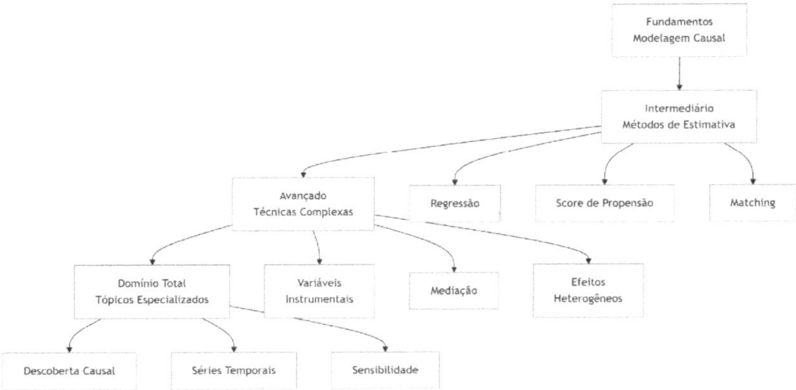

Figura 1.4: Cronologia do Livro e dos Temas

Ser prático — com exemplos, código comentado, linguagem acessível.

Oferecer poder de ação — no final, você saberá não apenas "o que é" causalidade, mas "como fazer".

Ser consciente dos limites — nem todo resultado causal é "verdade absoluta". Vou enfatizar: suposições, validações, robustez.

Se você já fez regressão e pensou: "e se eu quisesse saber o que aconteceria se eu agisse?" você está no lugar certo. Se você jamais pensou nisso, ótimo — você vai descobrir uma nova lente para ver o mundo dos dados.

1.8 Rumo ao próximo capítulo

Nos próximos capítulos veremos os temas presentes na imagem 1.4.

Pegue sua lupa, prepare-se para seguir os fios — e vamos, juntos, explorar a teia da causalidade.

Capítulo 2

Fio 1: Fundamentos - A Estrutura Básica do DoWhy e uso de Moderação

2.1 Introdução Conceitual ao DoWhy e seus 4 Pilares

A análise causal busca responder a perguntas do tipo "X causa Y?" ou "Qual o efeito de X sobre Y?", indo além de meras correlações. O pacote DoWhy é um framework em Python, parte do projeto PyWhy, que facilita inferências causais de forma sistemática e transparente. Ele se baseia em quatro etapas fundamentais, frequentemente chamadas de os 4 pilares do DoWhy(SHARMA; KICIMAN, 2020).

Em essência, o DoWhy guia o usuário por essas etapas para estimar e verificar efeitos causais a partir de dados observacionais ou experimentais. A filosofia central do DoWhy é combinar suposições explícitas (ti-

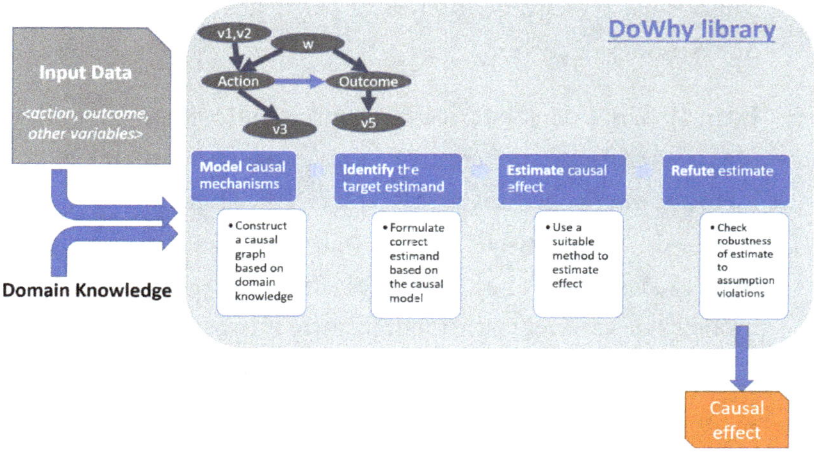

Figura 2.1: Os quatro pilares do DoWhy

. Fonte: (SHARMA; KICIMAN, 2020).

picamente expostas em um grafo causal) com métodos estatísticos, garantindo que cada conclusão causal esteja amparada por hipóteses claras e testes de robustez.

Conforme imagem 2.1, as quatro etapas (pilares) do DoWhy são(SHARMA; KICIMAN, 2020):

1. Modelar: Especificar um modelo causal que representa nossas suposições sobre as relações entre as variáveis (geralmente por meio de um grafo causal dirigido). Aqui definimos quais variáveis atuam como causas potenciais, efeitos, confundidores, etc., com base no conhecimento de domínio.

2. Identificar: Com base no modelo assumido, determinar a expressão matemática para o efeito causal desejado (chamada de estimando causal). Em outras palavras, usar critérios como backdoor, frontdoor ou outras técnicas (do-calculus) para decidir

como isolar o efeito de interesse a partir dos dados, assumindo que o modelo é correto.

3. Estimar: Uma vez identificada a expressão do efeito (por exemplo, uma fórmula que envolve certas variáveis a ajustar), aplicar métodos estatísticos aos dados para calcular uma estimativa numérica do efeito causal. Pode-se usar regressão, pareamento de observações (matching), estratificação por escore de propensão, modelos de variável instrumental, entre outros, de acordo com a estratégia de identificação escolhida.

4. Refutar: Verificar a robustez da estimativa causal obtida por meio de testes de sensibilidade e falsificação. O DoWhy provê diferentes testes de refutação, como adicionar uma "causa comum aleatória" (placebo) aos dados, permutar/randomizar o tratamento (teste placebo), usar desfechos falsos, ou subamostragem, para checar se o resultado se mantém e se as suposições do modelo parecem razoáveis. Essa etapa ajuda a aumentar a confiança de que o efeito encontrado é realmente causal e não um artefato de vieses não controlados.

Em termos práticos, esses passos correspondem a métodos do DoWhy com nomes diretos: `model` (construção do modelo causal), `identify\_effect` (identificação do estimando causal), `estimate\_effect` (estimação do efeito) e `refute\_estimate` (refutação da estimativa)(DOWHY, 2025). Nos exemplos a seguir, iremos ilustrar cada uma dessas etapas em ação, passando por cenários que vão desde casos simples e intuitivos até situações mais próximas de aplicações reais (como testes A/B e estudos de eventos).

Todos os exemplos são em Python usando o DoWhy e incluem explicações passo a passo. Os códigos estão comentados de forma didática, e resultados importantes (tabelas, gráficos) são apresentados para auxiliar o entendimento.

2.2 Exemplo Prático: Efeito de uma Campanha de Marketing nas Vendas

Para introduzir o uso do *DoWhy*, começamos com um exemplo clássico e amplamente utilizado no ensino de estatística e modelagem causal: o conjunto de dados `Advertising.csv`, que contém 200 observações e foi originalmente publicado no livro *An Introduction to Statistical Learning with Applications in R (ISLR)*(JAMES et al., 2013). Esse dataset registra o investimento em diferentes formas de publicidade (TV, Rádio, Jornal) e as vendas observadas de um produto, sendo ideal para ilustrar o raciocínio causal associado a campanhas de marketing.

Intuitivamente, espera-se que aumentar o investimento em marketing (*tratamento*) eleve as vendas (*resultado*). Entretanto, fatores externos como a situação macroeconômica, sazonalidade, tendências de mercado ou choques na demanda podem influenciar simultaneamente tanto a decisão de investir quanto o volume de vendas, desempenhando o papel de potenciais *confundidores*. Aplicaremos o fluxo de trabalho completo do DoWhy(SHARMA; KICIMAN, 2020), estruturado em quatro etapas: modelagem, identificação, estimação e refutação.

Modelagem Causal do Problema

A primeira etapa consiste em explicitar nossas suposições por meio de um grafo causal (um DAG: *Directed Acyclic Graph*). O grafo considerado é apresentado na imagem 2.2.

Imagem 2.2: Grafo causal para o exemplo de marketing e vendas. A economia (Z) influencia tanto a realização

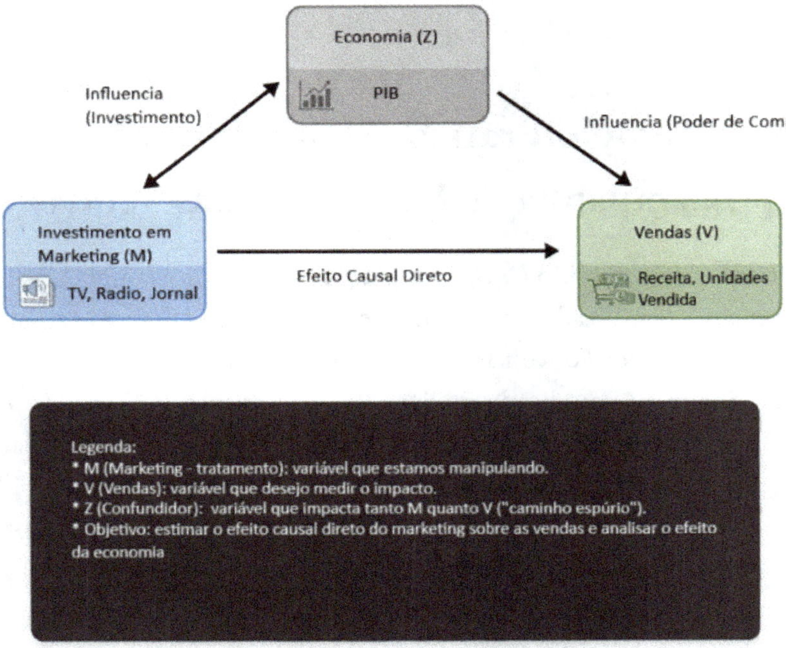

Figura 2.2: Exemplo de Modelagem em Marketing

da campanha de marketing (M) quanto as vendas (V). A campanha de marketing influencia diretamente as vendas. A variável Z é tratada como latente (não observada), mas sua existência é inferida pelas setas incidentes.

Na figura 2.2, as setas indicam relações causais: $Z \to M$ e $Z \to V$ denotam que a economia afeta marketing e vendas; já $M \to V$ representa o efeito direto da campanha sobre as vendas. Note que a presença de Z introduz um caminho de confusão $M \leftarrow Z \to V$, o qual, se ignorado, gera uma associação espúria entre marketing e vendas. Embora Z seja usualmente não observável, podemos simular sua existência para fins didáticos e, posteriormente, testar a robustez das inferências quando tal variável não pode ser medida.

Para o DoWhy, devemos fornecer os dados, especificar qual variável é o tratamento (M), qual é o resultado (V) e definir o grafo causal na forma de string GML ou DOT(BLÖBAUM et al., 2024).

Dados do Experimento

Conforme os dados do repositório do autor, verifica-se uma correlação entre as variáveis, conforme sumarizado na Tabela 2.1. Ressalta-se que tais dados foram simulados exclusivamente para fins didáticos, a fim de ilustrar a aplicação da ferramenta.

Tabela 2.1: Tabela das Correlações entre as Variáveis

	Marketing	Vendas	PIB_real	PIB_z
Marketing	1.000	0.9837	0.8846	0.8846
Vendas	0.9837	1.000	0.9224	0.9224
PIB_real	0.8846	0.9224	1.000	1.000
PIB_z	0.8846	0.9224	1.000	1.000

Na tabela 2.1 é possível ver que a correlação entre Marketing e Vendas é de 0.9837. Uma correlação extremamente alta. Isso por si só sugere fortemente uma relação real, mas não diz se é causal (pode haver confundimento).

A correlação entre PIB e Marketing é de 0.8846. Quanto maior o PIB (economia mais forte), mais as empresas investem em marketing. O PIB afeta o tratamento.

A correlação entre PIB e Vendas é de 0.9224. Quando o PIB sobe, o poder de compra da população sobe. O PIB afeta o desfecho. Portanto o PIB preenche exatamente a definição de um confundidor verdadeiro: Ou seja, se você ignorar o PIB, o efeito estimado de Marketing sobre

Vendas será inflado e enviesado para cima. Somente uma análise clássica não seria suficiente.

Os valores abaixo são os efeitos "perfeitos" do mecanismo de geração de dados:

- Marketing realmente aumenta as vendas em 8 unidades por R$ 1.000,00 investidos.
- PIB aumenta vendas por 20 unidades por desvio padrão do PIB.

Esses são os valores que queremos que o DoWhy recupere.

```
beta_M_true = 8.0   (efeito causal real de
   marketing)
beta_Z_true = 20.0  (efeito direto real do PIB
   )
```

Regressão Clássica Ingênua (SEM controlar PIB)

```
X_naive = sm.add_constant(df["marketing"])
y = df["vendas"]
reg_naive = sm.OLS(y, X_naive).fit()
print(reg_naive.summary())
print("\nCoeficiente de marketing (ingenuo):",
    reg_naive.params["marketing"])
```

O resultado do código acima $vendas \sim marketing$ está abaixo:

```
=============== Regressão ingênua: vendas ~ marketing ===============
                            OLS Regression Results
==============================================================================
Dep. Variable:                 vendas   R-squared:
↪  0.968
Model:                            OLS   Adj. R-squared:
↪  0.968
Method:                 Least Squares   F-statistic:
↪  8924.
```

```
Date:                     Thu, 20 Nov 2025   Prob (F-statistic):
↪  3.71e-224
Time:                             03:49:22   Log-Likelihood:
↪  -1203.9
No. Observations:                      300   AIC:
↪  2412.
Df Residuals:                          298   BIC:
↪  2419.
Df Model:                                1
Covariance Type:                 nonrobust
==============================================================================
                 coef    std err          t      P>|t|      [0.025
                 ↪  0.975]
------------------------------------------------------------------------------
const         47.4991      2.344     20.266      0.000      42.887
↪  52.112
marketing     10.6143      0.112     94.468      0.000      10.393
↪  10.835
==============================================================================
Omnibus:                         2.179   Durbin-Watson:
↪  1.828
Prob(Omnibus):                   0.336   Jarque-Bera (JB):
↪  1.899
Skew:                           -0.180   Prob(JB):
↪  0.387
Kurtosis:                        3.151   Cond. No.
↪  63.2
==============================================================================
```

O coefciente do marketing é aproximadamente 10.614. O modelo ingênuo estima o efeito do marketing como 10.6, que é maior do que 8.0, ou seja, viés de confundidor clássico: o efeito está superestimado. É possível refletir sobre possíveis causas para isso como se o PIB sobe, as empresas investem mais em marketing e consumidores compram mais. A regressão simples erroneamente credita esse efeito do PIB ao marketing. A regressão ingênua conclui que marketing é mais eficaz do que realmente é.

Regressão Clássica Ajustada (com o PIB)

Quando a análise fica ajustada, inserindo a variável PIB na análise, a coisa muda de figura. No código em python abaixo, fazemos uma nova análise considerando o PIB:

```python
# 5.2) Regressão ajustada: vendas ~ marketing
    + PIB_z
X_adj = sm.add_constant(df[["marketing", "
    PIB_z"]])
reg_adj = sm.OLS(y, X_adj).fit()

print("\nRegressão ajustada: vendas ~
    marketing + PIB_z")
print(reg_adj.summary())
print("\nCoeficiente de marketing (ajustado):"
    , reg_adj.params["marketing"])
print("Coeficiente de PIB_z (ajustado):    ",
    reg_adj.params["PIB_z"])
```

O resultado do código acima está na próxima página.

```
================ Regressão ajustada: vendas ~ marketing + PIB_z
↪ ================
                            OLS Regression Results
==============================================================================
Dep. Variable:                 vendas   R-squared:
↪ 0.980
Model:                            OLS   Adj. R-squared:
↪ 0.980
Method:                 Least Squares   F-statistic:
↪ 7365.
Date:                Thu, 20 Nov 2025   Prob (F-statistic):
↪ 8.66e-254
Time:                        03:49:22   Log-Likelihood:
↪ -1130.1
No. Observations:                 300   AIC:
↪ 2266.
Df Residuals:                     297   BIC:
↪ 2277.
Df Model:                           2
Covariance Type:            nonrobust
==============================================================================
                 coef    std err          t      P>|t|      [0.025
                 ↪ 0.975]
------------------------------------------------------------------------------
const         92.6314      3.765     24.606      0.000      85.223
↪ 100.040
marketing      8.3217      0.189     44.093      0.000       7.950
↪ 8.693
PIB_z         17.8812      1.302     13.733      0.000      15.319
↪ 20.444
==============================================================================
Omnibus:                        1.133   Durbin-Watson:
↪ 1.912
Prob(Omnibus):                  0.568   Jarque-Bera (JB):
↪ 1.169
Skew:                          -0.147   Prob(JB):
↪ 0.557
Kurtosis:                       2.914   Cond. No.
↪ 136.
==============================================================================
```

Observe que agora o marketing possui valor de aproximadamente 0.83217. Isso é precisamente o que deve ocorrer quando você controla um confundidor correto. Esse valor é bem próximo do valor original

8.0. A variável PIB_z possui valor de 17.8812, que é bem próxima de 20. A pequena diferença é apenas ruído estatístico. Controlar o PIB remove o viés. A regressão recupera o efeito causal verdadeiro.

Análise Causal usando DoWhy

Agora, o pacote DoWhy será utilizado para análise, conforme código abaixo:

```
from dowhy import CausalModel
# -----------------------
# 6) Análise causal com DoWhy
# -----------------------

# 6.1) Definir grafo causal equivalente ao da
    figura
causal_graph = """
digraph {
    PIB_z -> marketing;
    PIB_z -> vendas;
    marketing -> vendas;
}
"""

modelo = CausalModel(
    data=df,
    treatment="marketing",
    outcome="vendas",
    graph=causal_graph
)

print("\nResumo do modelo causal (DoWhy)")
print(modelo)
```

Entre a linha 7 e 13, o DAG é definidido, ou seja, o grafo causal, usando a abordagem de Pearl(PEARL; MACKENZIE, 2018). Na linha 15 começa a criação do modelo causal por meio da função CausalModel. O argumento *data* é o dataframe utilizado. O argumento *treatment* é a variável marketing e a variável *outcome* são as vendas. O argumento *graph* é o gráfico definido na linha 7.

O resultado do código acima está logo abaixo:

```
================ Estimand identificado pelo DoWhy ================
Estimand type: EstimandType.NONPARAMETRIC_ATE
### Estimand : 1
Estimand name: backdoor
Estimand expression:
     d
-(E[vendas|PIB_z])
d[marketing]
Estimand assumption 1, Unconfoundedness:
If U→{marketing} and U→vendas then P(vendas|marketing,PIB_z,U) =
P(vendas|marketing,PIB_z)
### Estimand : 2
Estimand name: iv
No such variable(s) found!

### Estimand : 3
Estimand name: frontdoor
No such variable(s) found!

### Estimand : 4
Estimand name: general_adjustment
Estimand expression:
     d
       (E[vendas|PIB_z])
d[marketing]
Estimand assumption 1, Unconfoundedness:
If U→{marketing} and U→vendas then P(vendas|marketing,PIB_z,U) =
P(vendas|marketing,PIB_z)
================ Estimativa causal (DoWhy, backdoor.linear_regression)
↪  ==========
*** Causal Estimate ***
## Identified estimand
Estimand type: EstimandType.NONPARAMETRIC_ATE

### Estimand : 1
Estimand name: backdoor
Estimand expression:
     d
       (E[vendas|PIB_z])
d[marketing]
Estimand assumption 1, Unconfoundedness:
If U→{marketing} and U→vendas then P(vendas|marketing,PIB_z,U) =
P(vendas|marketing,PIB_z)
## Realized estimand
b: vendas~marketing+PIB_z
Target units: ate
## Estimate
```

```
Mean value: 8.321706286073407
```

Repare o efeito causal estimado (DoWhy): 8.321706286073407. O DoWhy estimou corretamente $\frac{\partial}{\partial\, marketing}\mathbb{E}[vendas|PIB\_z]$. Isso é a mesma coisa que perguntar "Qual o efeito de marketing sobre vendas mantendo o PIB constante?". Esse valor também é bem próximo de 8.00. Logo, o DoWhy fez um trabalho corretamente. No código abaixo, está a refutação.

```python
# -----------------------
# 7) Refutações (robustez)
# -----------------------

# 7.1) Random common cause - adiciona um
    confundidor aleatório e re-estima
ref_random = modelo.refute_estimate(
    estimand,
    est_causal,
    method_name="random_common_cause"
)

print("\nRefutação: random_common_cause")
print(ref_random)
```

Refutação Random Common Cause

Em uma linguagem matemática, Random Common Cause deixa a estimativa original ser $\hat{\Theta}$. Em seguida, ele adiciona ruído aleatório $Z \sim N(0,1)$ e reestima o efeito $\hat{\Theta}^Z = f(X,T,Y,Z)$. Se $\Delta \approx 0$, significa que o estimador é estável. Se $\Delta \gg 0$, então o estimador é instável e a inferência é fraca.

Traduzindo, o Random Common Cause é um teste de robustez do DoWhy que adiciona um "confundidor fantasma" aleatório ao seu modelo para verificar se seu efeito causal é estável ou espúrio(SHARMA; KICIMAN, 2020). A ideia aqui seria algo como se até uma variável completamente aleatória consegue afetar sua estimativa causal, seu modelo não é confiável.

Exemplo para melhorar a interpretação desse resultado. Imagine que o efeito original seja 8.0 e com o Random Common Cause seja 7.9. Nesse caso, a diferença seria mínima e a implicação disso é que o teste foi robusto. Em um cenário onde com Random Common Cause o valor fosse 3.5, isso seria um corte quase que na metade, demonstrando assim um modelo frágil e com pouca confiança.

O resultado do código acima está logo abaixo:

```
================ Refutação: random_common_cause ================
Refute: Add a random common cause
Estimated effect:8.321706286073407
New effect:8.321684797104291
p value:0.96
```

Um confundidor aleatório não altera o efeito, já que o novo valor foi muito próximo do efeito estimado. Então, o modelo é estável.

O valor de p (p-value) de 0.96 no contexto da refutação "random_common_cause" indica que, ao adicionar uma causa comum aleatória, o efeito estimado não mudou significativamente.

De acordo com a definição clássica(CASELLA; BERGER, 2002), em testes de hipóteses, o p-value é a probabilidade de observar um efeito tão extremo ou mais extremo do que o observado, assumindo que a hipótese nula é verdadeira. Neste caso, a hipótese nula é que o efeito não é alterado pela adição de uma causa comum aleatória. Um p-value alto (0.96) significa que não há evidências para rejeitar a hipótese nula. Ou seja, a adição de uma causa comum aleatória não alterou significativamente o efeito estimado, o que é uma evidência a favor da robustez do efeito estimado.

Refutação Placebo Treatment

Em linguagem matemática, o teste de refutação Placebo Treatment mantém a estimativa original em $\hat{\Theta} = \frac{\partial V}{\partial M}$. Em seguida, cria um tratamento falso $M_{placebo}$ que é aleatório ou uma variável que você sabe que não afeta o resultado (SHARMA; KICIMAN, 2020; DOWHY, 2025) e então estima novamente usando $\hat{\Theta}_{placebo} = \frac{\partial V}{\partial M_{placebo}}$. Se $\hat{\Theta}_{placebo} \approx 0$, significa que o estimador é estável. Se $\hat{\Theta}_{placebo} > 0$ ou até significativo, então o estimador é instável e a inferência é fraca.

A Placebo Treatment no DoWhy é um teste de refutação causal que verifica se o seu modelo está realmente capturando um efeito causal verdadeiro, ou se está simplesmente encontrando um efeito "falso" que surgiria mesmo quando não deveria haver efeito nenhum. É uma ideia muito parecida com usar um remédio placebo para testar se o remédio verdadeiro funciona. Será que meu modelo "enxerga" causalidade mesmo quando ela não existe?

Para calcular o teste Placebo Treatment, utilize o código abaixo:

```
# 7.2) Placebo treatment -
#troca o tratamento por uma variável aleatória
ref_placebo = modelo.refute_estimate(
    estimand,
    est_causal,
    method_name="placebo_treatment_refuter"
)

print("\nRefutação:placebo_treatment_refuter")
print(ref_placebo)
```

Quando rodar o código acima, o resultado será como esse abaixo:

```
================ Refutação: placebo_treatment_refuter ========
Refute: Use a Placebo Treatment
Estimated effect:8.321706286073407
New effect:0.0
```

```
p value:1.0
```

O novo valor foi zero. Então, o modelo é estável. O valor de p (p-value) de 1.00 no contexto da refutação "placebo_treatment_refuter" indica que, quando trocamos o tratamento por um placebo aleatório, o efeito zera. Excelente sinal pois não há espúrios detectados.

Refutação Subset

Em uma linguagem matemática, imagine que seus dados são(SHARMA; KICIMAN, 2020; DOWHY, 2025):

$$D = \{(X_i, T_i, Y_i)\}_{i=1}^{N}$$

O DoWhy seleciona um subconjunto:

$$D^* \subset D$$

e estima novamente o efeito causal:

$$\hat{\theta}^* = f(D^*)$$

Depois compara com o efeito original $\hat{\theta}$:

$$\Delta = |\hat{\theta} - \hat{\theta}^*|$$

- Se $\Delta \approx 0$: **Modelo robusto. Efeito consistente.**
- Se $\Delta \gg 0$: **Modelo frágil. O efeito depende demais de partes específicas dos dados.**

Interpretação:

- Δ pequeno: O efeito causal é estável e replicável

- Δ grande: O efeito pode ser espúrio ou dependente de particularidades amostrais

Traduzindo, se o efeito causal muda drasticamente quando você usa apenas um pedaço dos dados, então o efeito original pode ser frágil, instável ou dependente de observações específicas(SHARMA; KICIMAN, 2020; DOWHY, 2025).

Imagine que você tem 1.000 crianças. Mas o Subset Refuter pergunta: Se eu usar só uma parte dessas crianças, o efeito ainda aparece? Por exemplo: só 70% das crianças? Só crianças de 8 a 12 anos? Só crianças escolhidas aleatoriamente? Só crianças de escolas diferentes? Só as crianças observadas nos últimos 3 meses?

A lógica é: Se o efeito é real, ele deve aparecer mesmo quando você olha para um pedaço dos dados.

Para calcular o teste Subset Refuter, utilize o código abaixo:

```
# 7.3) Subset refuter
#re-estima o efeito em subconjuntos aleatórios
    da amostra
ref_subset = modelo.refute_estimate(
    estimand,
    est_causal,
    method_name="data_subset_refuter"
)

print("\nRefutação: data_subset_refuter")
print(ref_subset)
```

Quando rodar o código acima, o resultado será como esse abaixo:

```
================ Refutação: data_subset_refuter ================
Refute: Use a subset of data
Estimated effect:8.321706286073407
New effect:8.318970299739341
p value:0.94
```

A estimativa fica praticamente igual mesmo com amostragem parcial. Robustez altíssima, inclusive por causa do p-valor 0.94.

Demais refutadores do DoWhy

Neste tópico explicaremos, usando apenas o exemplo das crianças, os seguintes refutadores do DoWhy: Placebo Outcome, Dummy Outcome, Add Unobserved Common Cause, Bootstrap Refuter e Replace Treatment. O código é o mesmo que o anterior, só o nome muda de acordo.

Considere o tratamento e o resultado reais abaixo:

Tratamento Real

$T = quantidade\ de\ suco\ de\ laranja\ que\ a\ criança\ toma\ por\ dia$

Resultado Real

$Y = crescimento\ anual\ em\ centímetros.$

A estimativa causal original (como feita no exemplo prático acima) é dada por:
$\hat{\theta} = \frac{\partial Y}{\partial T}.$

Placebo Outcome

O *Placebo Outcome* verifica se o estimador causal produz efeitos espúrios quando analisamos um desfecho que, por construção, não pode ser influenciado pelo tratamento. Para isso, o DoWhy substitui o resultado verdadeiro Y por uma variável que não deveria responder ao tratamento em nenhuma circunstância (SHARMA; KICIMAN, 2020; DOWHY, 2025).

Imagine que queremos medir o efeito de aulas extras (T) sobre a nota de matemática dos alunos (Y). Para testar se o nosso modelo está realmente capturando causalidade — e não coincidências ou vieses — aplicamos o *Placebo Outcome*.

A ideia é trocar a nota de matemática por um resultado que **não pode**, de forma alguma, ser afetado pelas aulas extras. Por exemplo:

$$Y_{\text{placebo}} = \text{cor dos olhos.}$$

Mesmo que um aluno assista a dez horas de aula por dia, a cor dos olhos dele não muda. Portanto, o efeito causal verdadeiro deve ser exatamente zero.

Se o modelo estimar que as aulas extras "causam" mudança na cor dos olhos, isso sinaliza que ele está capturando algum viés — e não uma relação causal verdadeira.

Se o modelo detectar algum "efeito causal" sobre esses desfechos impossíveis, isso indica que o estimador está capturando vieses, não causalidade.

Então estima:
$\hat{\theta}_{placebo} = \frac{\partial Y_{placebo}}{\partial T}$.

No código isso fica conforme abaixo (o parâmetro random_state é para reprodutibilidade e num_simulations é a quantidade de simulações ou placebo geradas):

```
#Placebo Outcome via Dummy Outcome Refuter:
#DoWhy cria um outcome aleatório que
#NÃO deveria reagir ao tratamento.
res_placebo_outcome = model.refute_estimate(
    identified_estimand,
    estimate,
    method_name="dummy_outcome_refuter",
    num_simulations=1000,
    random_state=42
)
print("Refutação Placebo Outcome (Dummy
   Outcome):")
```

```
print(res_placebo_outcome)
```

Interpretação

$$\hat{\theta}_{placebo} \approx 0 \quad \Rightarrow \textit{modelo robusto.}$$
$$|\hat{\theta}_{placebo}| \gg 0 \quad \Rightarrow \textit{modelo encontra causalidade onde não deveria.}$$

Dummy Outcome

No *Dummy Outcome*, o resultado verdadeiro Y é substituído por uma variável completamente aleatória — algo sem qualquer relação causal com o tratamento ou com as demais variáveis (SHARMA; KICIMAN, 2020; DOWHY, 2025). O objetivo é verificar se o estimador produz efeitos "causais" mesmo quando não existe nenhuma relação possível.

Assim como o *Placebo Treatment* testa se o modelo se deixa enganar quando o **tratamento é falso**, o *Dummy Outcome* testa se o modelo se deixa enganar quando o **resultado é falso**.

Retomemos o exemplo das aulas extras (T) e a nota de matemática (Y). No *Placebo Outcome*, trocamos a nota por algo impossível de ser afetado pelo tratamento — por exemplo:

$$Y_{\text{placebo}} = \text{cor dos olhos.}$$

Já no *Dummy Outcome*, criamos um resultado totalmente inventado, como:

$$Y_{\text{dummy}} \sim \text{Distribuição Uniforme}(0, 1).$$

Esse Y_{dummy} é apenas ruído puro, sorteado aleatoriamente para cada aluno, como lançar um dado ou girar uma roleta.

O ponto central é: **não existe nenhuma maneira de as aulas extras causarem variação nesse resultado aleatório**. Portanto, o efeito causal verdadeiro deve ser exatamente zero.

Se o modelo identificar algum "efeito causal" sobre esse resultado fictício, isso mostra que o método está capturando padrões ilusórios, ruído ou viés, mas não causalidade.

Diferença entre Placebo Outcome e Dummy Outcome

- **Placebo Outcome**: substitui Y por um resultado real, existente, mas que *não pode ser afetado* pelo tratamento (ex.: cor dos olhos, altura, número da carteira escolar).
- **Dummy Outcome**: substitui Y por uma variável *aleatória*, artificialmente gerada, sem qualquer significado (ex.: um número sorteado entre 0 e 1).

Em resumo: o *Placebo Outcome* usa um desfecho real impossível de ser afetado; o *Dummy Outcome* usa um desfecho que não existe, puramente ruído. Ambos testam se o modelo está detectando causalidade onde não deveria.

$Y_{dummy} \sim \mathcal{N}(0, 1)$.

O DoWhy estima:

$\hat{\theta}_{dummy} = \frac{\partial Y_{dummy}}{\partial T}$.

Para fazer a refutação via código, faça conforme abaixo:

```
#Dummy Outcome Refuter - Placebo Outcome
#-> cria um novo outcome *completamente aleatório*
#-> o tratamento NÃO deveria ter efeito nele
res_dummy = model.refute_estimate(
    identified_estimand,
    estimate,
    method_name="dummy_outcome_refuter",
    num_simulations=1000,     # mais simulações = teste mais forte
```

```
    random_state=42
)
print("\nRefutação: Dummy Outcome (Placebo
    Outcome)")
print(res_dummy)
```

Todos os parâmetros são como os do Placebo Outcome.

Interpretação

$\hat{\theta}_{dummy} \approx 0 \Rightarrow$ *modelo não enxerga causalidade no ruído.*
$|\hat{\theta}_{dummy}| \gg 0 \Rightarrow$ *alerta: o modelo cria causalidade do nada.*

Add Unobserved Common Cause

Aqui o DoWhy cria um "confundidor fantasma"(SHARMA; KICIMAN, 2020; DOWHY, 2025). O DoWhy não descobre automaticamente variáveis confundidoras não observadas. O refutador "Add Unobserved Common Cause" é usado para testar a robustez de uma estimativa causal quando há a preocupação de que haja um confundidor não observado. Ele não identifica qual é o confundidor, mas sim testa o quanto a estimativa causal mudaria se houvesse um confundidor não observado de determinada força.

$U \sim \mathcal{N}(0,1),$

e assume que:

$U \to T, \qquad U \to Y.$

A nova estimativa é:

$\hat{\theta}^U.$

Exemplo. Você estimou um efeito causal e deseja utilizar esse refutador para testar a robustez desse efeito. Você poderia utilizar uma força de 0.5 em cada variável:

```python
# Continuando do código anterior...
# 7.4) Refutação: Add Unobserved Common Cause
ref_unobserved = modelo.refute_estimate(
    estimand,
    est_causal,
    method_name="add_unobserved_common_cause",
    confounders_effect_on_treatment="linear",
    # Como o confundidor afeta o tratamento
    confounders_effect_on_outcome="linear",
    # Como o confundidor afeta o outcome
    effect_strength_on_treatment=0.5,
    # Força do efeito no tratamento (0-1)
    effect_strength_on_outcome=0.5
    # Força do efeito no outcome (0-1)
)
print("\nRefutação: Add Unobserved Common
   Cause")
print(ref_unobserved)
```

O código acima não descobre variáveis confundidoras reais, não testa confundidores específicos que você conhece. Ele simula a seguinte pergunta: "E se existisse um confundidor não observado com força 0.5 sobre tratamento e 0.5 sobre a saída?". Ele mostra como sua estimativa mudaria na presença desse confundidor hipotético aleatório. Ajuda a responder: "Quão forte um confundidor não observado precisaria ser para invalidar minha conclusão?"

Supondo que fizesse esse teste com uma força de 0.98 para o treatment e 0.98 para outcome, para o código disposto no item 2.2, onde estávamos medindo apenas o efeito causal do marketing sobre vendas, ignorando completamente a variável PIB_z, você poderia imaginar que essa refutação pegaria algo que seria o PIB_z, correto? Esse raciocínio estaria errado. A saída seria como "Estimated effect:10.614344954302645" e "New effect:10.268437731406259". Por quê?

No caso do parágrafo acima, a refutação "Add Unobserved Common Cause" não está recuperando o efeito verdadeiro (que seria 8) mesmo com uma força alta (0.98) porque o modelo que estamos refutando é o modelo ingênuo (sem controlar para PIB_z) e a refutação não conhece o confundidor real (PIB_z). No modelo ingênuo (sem PIB_z), a estimativa do efeito de marketing sobre as vendas é enviesada (mais alta, pois o PIB_z afeta positivamente ambas as variáveis). No nosso DGP, o efeito verdadeiro é 8, mas a regressão ingênua dá algo em torno de 10.6. A refutação "Add Unobserved Common Cause" simula a adição de um confundidor não observado. Ela não sabe que o confundidor real é o PIB_z. Ela apenas ajusta a estimativa assumindo que existe um confundidor não observado com uma certa força (nesse caso, 0.98) e recalcula o efeito. No entanto, a refutação não está usando o confundidor real (PIB_z) para ajustar. Ela está usando um confundidor simulado. Portanto, ela não pode recuperar o efeito verdadeiro (8) a menos que o confundidor simulado coincida com o confundidor real quanto à estrutura e à força. No meu teste, eu usei uma força 0.98 e a estimativa mudou de 10.61 para 10.27, o que é uma mudança pequena (cerca de 3%). Isso sugere que a estimativa é robusta mesmo a um confundidor muito forte? Não exatamente, porque a refutação não está considerando a estrutura real do confundidor. Para recuperar o efeito verdadeiro (8) teríamos que controlar exatamente para o confundidor real (PIB_z). A refutação com um confundidor simulado não faz isso.

Interpretação

$|\hat{\theta} - \hat{\theta}^U| \approx 0 \Rightarrow$ *efeito resistente a variáveis ocultas.*
$|\hat{\theta} - \hat{\theta}^U| \gg 0 \Rightarrow$ *modelo frágil a confounders não observados.*

Bootstrap Refuter

O *Bootstrap Refuter* verifica a **estabilidade** e a **robustez** da estimativa causal. Em vez de trocar o tratamento ou o resultado, o DoWhy cria diversas réplicas da base de dados usando o método de *bootstrap* — isto é, sorteando repetidamente amostras com reposição a partir dos mesmos dados (SHARMA; KICIMAN, 2020; DOWHY, 2025).

Em cada uma dessas amostras, o estimador causal é recalculado. Se a estimativa se mantém estável, mesmo quando a composição da amostra varia, isso indica que o efeito causal é robusto. Se as estimativas mudam muito de uma amostra para outra, isso sugere que o resultado é frágil e altamente dependente de pequenas variações nos dados.

Considere novamente o estudo do efeito de aulas extras (T) sobre a nota de matemática (Y). Depois de estimar o efeito causal, queremos saber:

Será que esse efeito é sólido ou depende demais de certos alunos específicos?

O DoWhy, então, cria várias "turmas artificiais", todas baseadas nos mesmos alunos, mas montadas com sorteios distintos. Por exemplo:

- na amostra 1, o João aparece duas vezes e a Ana não aparece;
- na amostra 2, a Beatriz aparece três vezes;
- na amostra 3, todos aparecem uma vez, exceto o Pedro, que foi sorteado duas vezes;
- e assim por diante.

Em cada uma dessas turmas simuladas, o modelo recalcula o efeito das aulas extras.

Se o efeito causal permanece parecido em todas as amostras, isso indica estabilidade. É como dizer: "não importa quais alunos você sorteia — o efeito continua o mesmo".

Mas se o efeito varia muito, às vezes grande, às vezes pequeno, às vezes até invertendo o sinal, então o resultado é frágil e não deve ser interpretado com confiança.

Olhando por perspectiva, temos:

- O *Bootstrap Refuter* pergunta: **"Se eu mexer um pouco nos dados, o efeito causal continua de pé?"**
- Ele testa a **sensibilidade da estimativa** a pequenas perturbações na amostra.
- É um teste de **consistência**: se o efeito for real, ele deve aparecer mesmo com pequenas variações nos dados.

$D_1^*, D_2^*, \ldots, D_B^*$

e para cada uma calcula:

$\hat{\theta}_b = f(D_b^*)$.

Depois calcula:

$\mu_\theta = \textit{média}, \qquad \sigma_\theta = \textit{desvio-padrão}.$

Para fazer isso no código, utilize a função abaixo:

```
ref_bootstrap = model.refute_estimate(
    identified_estimand,
    estimate,
    method_name="bootstrap_refuter",
    num_simulations=100,
    # número de amostras bootstrap
    sample_size=None,
    # usa o mesmo tamanho da amostra; pode
       reduzir
    sampling_with_replacement=True
```

```
    # bootstrap clássico
)
print(ref_bootstrap)
```

Os parâmetros são *num_simulations* que é o número de reamostragens (100–1000). O*sample_size*, que quando está como None, usa o tamanho total. Pode ser 0.8 (usaria 80% dos dados) ou um número inteiro e *sampling_with_replacement* que quando está True, mantém o método bootstrap original, pois tem repetição de dados.

Interpretação

σ_θ pequeno $\Rightarrow$ estimativa estável.
σ_θ grande $\Rightarrow$ estimativa instável, estatisticamente fraca.

Resumo Final

Refutador	O que testa	Sinal de problema
Placebo Outcome	$T \not\to Y_{placebo}$	$\hat{\theta}_{placebo} \neq 0$
Dummy Outcome	$T \not\to Y_{dummy}$	$\hat{\theta}_{dummy} \neq 0$
Add Unobserved CC	*Sensibilidade a U oculto*	$\hat{\theta}^U \neq \hat{\theta}$
Bootstrap	*Estabilidade estatística*	σ_θ *alta*

Refutadores em Causalidade

Todos os refutadores testam se o efeito causal ocorre apenas quando deveria.

2.3 Exemplo Prático: Associação vs. Causalidade (Sorvetes e Afogamentos)

Um famoso exemplo didático de correlação espúria é a relação entre a venda de sorvetes e casos de afogamento(VIGEN, 2015). Observa-se que esses dois fenômenos costumam aumentar e diminuir juntos ao longo do ano. No verão, as vendas de sorvete atingem o pico e, infelizmente, os afogamentos também. Já no inverno, ambos caem. Uma análise superficial poderia concluir que "vender sorvetes causa afogamentos" (ou o contrário). Entretanto, há um fator de confusão óbvio: a temperatura (ou estação do ano). Dias quentes levam mais pessoas a comprar sorvete e a nadar (o que aumenta o risco de afogamento). Assim, a temperatura é uma causa comum tanto de sorvetes quanto de afogamentos, o que gera uma associação sem causalidade direta.

Este exemplo ilustra a diferença entre associação (correlação) e causalidade. Vamos simular dados para quantificar isso e usar o DoWhy para mostrar que, ao controlar o confundidor, o efeito direto desaparece.

Simulação dos Dados (Sorvetes, Afogamentos e Temperatura)

Geramos uma variável Temperatura (digamos em °C) que varia, e assume valores maiores no "verão" e menores no "inverno". Usaremos temperatura como causa de:

- Sorvetes (número de sorvetes vendidos em um dia, por exemplo).
- Afogamentos (número de incidentes de afogamento no mesmo dia).

Não colocaremos influência direta de sorvetes em afogamentos. Assim, no grafo causal verdadeiro, Temperatura é o único elo que conecta as duas variáveis, conforme a figura 2.3.

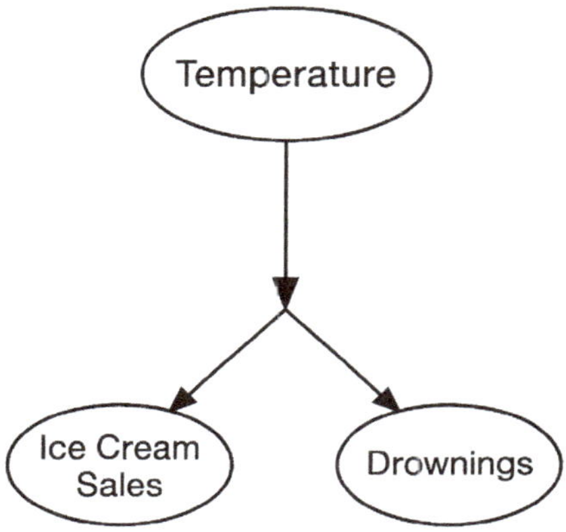

Figura 2.3: Grafo Causal do Sorvete

Na imagem 2.3, o grafo causal do exemplo de sorvetes e afogamentos. A temperatura é um fator que aumenta tanto as vendas de sorvetes quanto a incidência de afogamentos. Não há seta direta de sorvetes para afogamentos, pois assumimos que não há efeito causal entre eles.

No código a seguir, simulamos 1000 observações (por exemplo, dias) com uma temperatura média de 20 graus (variando aleatoriamente), e definimos uma fórmula simples: vendas de sorvete aumentam linearmente com a temperatura, e afogamentos também aumentam (mas de forma menos acentuada). Adicionamos ruído aleatório em ambas as relações para representar outros fatores não especificados.

```
import numpy as np
np.random.seed(42)
N = 1000
Temperatura = np.random.normal(loc=20, scale
    =5, size=N) # média 20°C, desvio 5°C
```

```
#Sorvetes vendidos (ex.: dezenas de unidades) aumenta com temperatura
Sorvetes = 50 + 5 * Temperatura + np.random.normal(0, 10, size=N)
#Afogamentos (número de incidentes) aumenta com temperatura
Afogamentos = 5 + 0.2 * Temperatura + np.random.normal(0, 2, size=N)
```

No grafo causal da imagem 2.3, a temperatura é um confundidor observado. Vamos colocar isso em um DataFrame e analisar.

Associação Espúria Observada

Antes de partir para o DoWhy, vejamos o que acontece se ignorarmos a variável Temperatura. Qual é a correlação (ou regressão) entre Sorvetes e Afogamentos nos dados simulados?

```python
import pandas as pd
import statsmodels.api as sm

df2 = pd.DataFrame({"Sorvetes": Sorvetes, "
    Afogamentos": Afogamentos, "Temperatura":
    Temperatura})

#Regressão linear simples: Afogamentos ~
    Sorvetes

X = sm.add_constant(df2["Sorvetes"])
y = df2["Afogamentos"]
modelo_ingenuo = sm.OLS(y, X).fit()
print(modelo_ingenuo.summary())
```

Após rodar o código acima, ocorrerá a seguinte saída:

```
                            OLS Regression Results
==============================================================================
Dep. Variable:            Afogamentos   R-squared:
↪ 0.179
Model:                            OLS   Adj. R-squared:
↪ 0.178
Method:                 Least Squares   F-statistic:
↪ 217.3
Date:                Fri, 21 Nov 2025   Prob (F-statistic):
↪ 1.22e-44
Time:                        01:48:22   Log-Likelihood:
↪ -2115.9
No. Observations:                1000   AIC:
↪ 4236.
Df Residuals:                     998   BIC:
↪ 4246.
Df Model:                           1
Covariance Type:            nonrobust
==============================================================================
                 coef    std err          t      P>|t|      [0.025
                 ↪ 0.975]
------------------------------------------------------------------------------
const          3.5932      0.374      9.599      0.000       2.859
↪ 4.328
```

```
Sorvetes          0.0360      0.002      14.741      0.000       0.031
↪   0.041
==============================================================================
Omnibus:                       1.743   Durbin-Watson:
↪   2.009
Prob(Omnibus):                 0.418   Jarque-Bera (JB):
↪   1.622
Skew:                          0.062   Prob(JB):
↪   0.444
Kurtosis:                      3.153   Cond. No.
↪   904.
==============================================================================
```

O coeficiente de Sorvetes na regressão simples *Afogamentos vs. Sorvetes* será positivo. Na nossa simulação, obteve-se aproximadamente 0.036 (ou seja, para cada 100 sorvetes adicionais vendidos, ocorrem 3.6 afogamentos a mais, em média). Esse coeficiente foi altamente significativo ($p < 0.001$). Ou seja, a análise ingênua sugeriria que há uma associação positiva forte entre as duas variáveis.

No entanto, isso é claramente um viés: a variável omitida Temperatura está por trás dessa correlação. Vamos agora usar uma análise causal adequada para ver o que acontece.

Análise Causal Controlando o Confundidor

Usando o DoWhy, modelamos este problema indicando que Temperatura é um confundidor observado a ser ajustado. Nosso objetivo é estimar o efeito (se houver) de Sorvetes em Afogamentos. O grafo causal suposto tem Temperatura apontando para ambas as outras variáveis e nenhuma ligação direta de Sorvetes para Afogamentos (imagem 2.3). Assim, esperamos que o efeito causal identificado seja nulo após controlar Temperatura.

Configuramos o modelo e procedemos às etapas:

```python
from dowhy import CausalModel
#Dados em DataFrame
df2 = pd.DataFrame({"Sorvetes": Sorvetes, "Afogamentos": Afogamentos, "Temperatura": Temperatura})
#Grafo causal em formato DOT

grafo2 = """
digraph {
    Temperatura -> Sorvetes;
    Temperatura -> Afogamentos;
}
"""
modelo2 = CausalModel(data=df2,
treatment="Sorvetes",
outcome="Afogamentos",
common_causes=["Temperatura"], # especificamos temperatura como causa comum
graph=grafo2)
estimando2 = modelo2.identify_effect()
print(estimando2)
```

A saída do código acima é:

```
No directed path from ['Sorvetes'] to ['Afogamentos'] in the causal graph.
Causal effect is zero.
Estimativa causal Sorvetes->Afogamentos: 0
```

A estimativa causal resultante para o efeito de sorvetes sobre afogamentos deverá ser próxima de 0 (zero). De fato, na simulação, o coeficiente estimado foi de cerca de 0. Isso confirma que, uma vez controlada a temperatura, não há evidência de que as vendas de sorvete causem afogamentos. O DoWhy essencialmente reproduziu a análise: Afogamentos

~ Sorvetes + Temperatura, e nos mostrou que o termo de Sorvetes não é significativo.

O DoWhy deve indicar que a identificação usará a Temperatura como ajuste (nesse caso, passamos explicitamente em common_causes, conforme o código acima, o que facilita). Agora estimamos o efeito:

```
estimativa2 = modelo2.estimate_effect(estimando2, method_name="backdoor.linear_regression")
print("Estimativa causal Sorvetes->Afogamentos:", estimativa2.value)
print(estimativa2)
```

A saída para o código acima foi:

```
*** Causal Estimate ***
## Identified estimand
No directed path from ['Sorvetes'] to ['Afogamentos'] in the causal graph.
Causal effect is zero.
## Realized estimand
None
## Estimate
Mean value: 0
```

Em suma, a associação positiva observada era espúria. Este exercício destaca a importância da etapa de modelagem: se ignorássemos a existência de um confundidor (temperatura), poderíamos afirmar a ausência de causalidade. O DoWhy, forçando-nos a explicitar o modelo (grafo) e auxiliando na identificação correta, nos previne de tirar conclusões precipitadas. Assim, ilustramos que correlação não implica causalidade: duas variáveis podem se mover juntas por um terceiro fator, e apenas uma análise causal cuidadosa pode desvendar isso.

Cuidado

Apesar de não ter feita a refutação para deixar o livro menos espesso e menos repetitivo, ao final, sempre deverá ser feita a refutação em todas as mensurações que fizer usando DoWhy. Isso garante robustez e é parte necessária de acordo com o próprio manual.

2.4 Exemplo Prático: Teste A/B em Publicidade

Os exemplos anteriores trataram de dados observacionais com potenciais confundidores. Abordaremos agora um cenário experimental clássico em ciência de dados: um teste A/B em publicidade. Suponha que desejemos medir o impacto da publicidade na conversão de visitantes em um site. Dividimos aleatoriamente os usuários em dois grupos: tratado (recebeu a publicidade) e controle (não recebeu a publicidade). Após um período, comparamos as taxas de conversão (porcentagem de usuários que efetuam uma compra). Temos o horário, o dia da semana e a quantidade de publicidade enviada aos usuários.

Testes A/B devidamente randomizados são considerados o padrão-ouro para inferência causal, pois, em princípio, a randomização garante que não haja confundidores sistemáticos entre os grupos (qualquer diferença populacional é devida ao acaso). Vamos usar os dados de um teste A/B disponível publicamente no Kaggle* e ver como analisar tanto de forma tradicional quanto com o DoWhy. Em todas as análise deste caso, vamos considerar que a variável treatment não sofre efeito causal de qualquer outra variável e que ela é completamente aleatória, ou seja, foi feita por sorteio.

*<https://www.kaggle.com/datasets/faviovaz/marketing-ab-testing/data>

Os dados foram devidamente tratados para análise, conforme código abaixo:

```
import pandas as pd
df=pd.read_csv("marketing_AB.csv").iloc[:,1:]
df["treatment"] = df["test group"].apply(
    lambda x: 1 if x == "ad" else 0)
df["converted"] = df["converted"].apply(lambda
     x: 1 if x == True else 0)
df["day_of_week"] = df["most ads day"].astype(
    "category").cat.codes
df.rename(columns={"most ads hour":"
    hour_of_day"}, inplace=True)
df.rename(columns={"total ads":"total_ads"},
    inplace=True)
df=df[["converted","hour_of_day", "total_ads",
     "day_of_week", "treatment"]]
```

Análise Convencional dos Resultados

A forma tradicional de analisar um teste A/B é comparar as proporções de conversão entre os dois grupos usando estatística inferencial (por exemplo, um teste z de diferença de proporções, um teste qui-quadrado ou simplesmente calcular o intervalo de confiança da diferença). Nesse caso, utilizaremos o Doubly Robust e IPWRA (Propensity Score)(IMBENS; RUBIN, 2015). Em teoria, o ATE nesse caso será calculado com $ATE = E\left[\frac{TY}{e(X)} - \frac{(1-T)Y}{1-e(X)}\right]$ e a variância é $var(ATE) = \frac{1}{N^2}\sum_i(z_i - ATE)^2$. O código implementado está aqui embaixo:

```
import numpy as np
import scipy.stats as st

```

```python
# 1) Propensity score
ps_model = LogisticRegression().fit(
    df[['hour_of_day','total_ads','day_of_week']],
    df['treatment']
)
ps = ps_model.predict_proba(df[['hour_of_day','total_ads','day_of_week']])[:,1]

# 2) IPW components
z = df['treatment'] * df['ccnverted'] / ps - (1 - df['treatment']) * df['converted'] / (1 - ps)

ATE = z.mean()
se = z.std(ddof=1) / np.sqrt(len(df))

# 95% CI
ci_low  = ATE - 1.96 * se
ci_high = ATE + 1.96 * se

# p-value for H0: ATE = 0
z_stat = ATE / se
p_value = 2 * (1 - st.norm.cdf(abs(z_stat)))

print("ATE:", ATE)
print("SE :", se)
print("IC95%:", (ci_low, ci_high))
print("p-value:", p_value)
```

A saída do código acima está logo abaixo para interpretação:

```
ATE: 0.007515555519462825
SE : 0.0009052633967248421
```

```
IC95%: (np.float64(0.005741239261882l344),
↪ np.float64(0.009289871777043516))
p-value: 0.0
```

O tratamento aumentou a taxa média de conversão em 0.00752 (0,752 p.p.), ou seja, em média, o tratamento (envio da publicidade) gera mais 0.75 pontos percentuais de conversão absoluta. Se a taxa de conversão base fosse, por exemplo, 3%, o tratamento levaria a $3,75\%$. É um efeito pequeno em valor absoluto, mas estatisticamente muito sólido por causa do tamanho da base (588 mil linhas).

O erro-padrão ($SE = 0.000905$) indica a incerteza do estimador, o quanto o ATE varia ao incluir ou excluir observações. Um SE de 0.0009 é muito pequeno e indica alta precisão (o que se esperava dado o tamanho da amostra).

O intervalo de confiança ($IC95 = [0.00574; 0.00929]$), com 95% de confiança, o impacto verdadeiro do tratamento está entre 0,574 p.p. e 0,929 p.p.. O intervalo não inclui zero, portanto, o efeito é positivo e estatisticamente significativo. Isso confirma que o efeito é causalmente distinto de zero. O p-valor é quase nulo, significando que esse efeito observado ser devido ao acaso é praticamente zero.

Inferência Causal com DoWhy

A partir de agora, todas as análises que faremos será exclusivamente por meio do DoWhy, já que é o foco do livro e para que ele não fique extenso. A mesma análise acima poderá ser feito no DoWhy utilizando o código abaixo:

```
common_causes=['hour_of_day', 'total_ads', 'day_of_week']
causal_graph = """
digraph {
    hour_of_day -> converted;
```

```
    total_ads -> converted;
    day_of_week -> converted;
    treatment -> converted;
}
"""
modelo = CausalModel(
    data=df,
    treatment="treatment",
    outcome="converted",
    common_causes=common_causes,
    graph=causal_graph
)
print("\n================ Resumo do modelo causal (DoWhy) ================")
print(modelo)

# 6.2) Identificação do efeito causal (backdoor)
estimand = modelo.identify_effect()
print("\n================ Estimand identificado pelo DoWhy ================")
print(estimand)

# 6.3) Estimação do efeito causal (backdoor.linear_regression)
est_causal = modelo.estimate_effect(
    estimand,
    method_name="backdoor.linear_regression",
    confidence_intervals=True,
    test_significance=True)

```

```python
print("\n================ Estimativa causal (DoWhy, backdoor.linear_regression) ================")
print(est_causal)
print(f"\nEfeito causal estimado (DoWhy) - ATE:{est_causal.value:.3f}")
try:
    print("IC 95%:", est_causal.get_confidence_intervals())
    print("p-value:", est_causal.test_stat_significance("p_value")['p_value'].round(4))
except Exception:
    pass
```

Vamos analisar a saída do código acima para interpretação posterior:

```
================ Resumo do modelo causal (DoWhy) ================
<dowhy.causal_model.CausalModel object at 0x7d93f62cbf50>

================ Estimand identificado pelo DoWhy ================
Estimand type: EstimandType.NONPARAMETRIC_ATE

### Estimand : 1
Estimand name: backdoor
Estimand expression:
     d
       (E[converted])
d[treatment]
Estimand assumption 1, Unconfoundedness: If U→{treatment} and U→converted
↪  then P(converted|treatment,,U) = P(converted|treatment,)

### Estimand : 2
Estimand name: iv
No such variable(s) found!

### Estimand : 3
Estimand name: frontdoor
No such variable(s) found!

### Estimand : 4
Estimand name: general_adjustment
```

```
Estimand expression:
     d
       (E[converted])
d[treatment]
Estimand assumption 1, Unconfoundedness: If U→{treatment} and U→converted
↪ then P(converted|treatment,,U) = P(converted|treatment,)

================ Estimativa causal (DoWhy, backdoor.linear_regression)
*** Causal Estimate ***

## Identified estimand
Estimand type: EstimandType.NONPARAMETRIC_ATE

### Estimand : 1
Estimand name: backdoor
Estimand expression:
     d
       (E[converted])
d[treatment]
Estimand assumption 1, Unconfoundedness: If U→{treatment} and U→converted
↪ then P(converted|treatment,,U) = P(converted|treatment,)

## Realized estimand
b: converted~treatment+treatment*hour_of_day+treatment*total_ads+
treatment*day_of_week
Target units:

## Estimate
Mean value: 0.007683864549426805
p-value: [1.04546865e-98]
95.0% confidence interval: (np.float64(0.005922098377922142),
↪ np.float64(0.009456168533790655))
### Conditional Estimates

Efeito causal estimado (DoWhy) - ATE:0.008
IC 95%: (np.float64(0.005922098377922142),
↪ np.float64(0.009456168533790655))
p-value: [0.]
```

O ATE é 0.007683864549426805, arredondado para 0.008. O intervalo de confiança é mínimo e não inclui o zero e o p-valor é próximo de zero. O modelo pode ser visualizado na imagem 2.4.

A diferença fundamental entre especificar common_causes ou não no modelo causal do DoWhy reside no controle sobre a identificação de

```python
1 modelo.view_model(size=(6, 6), file_name='causal_model')
```

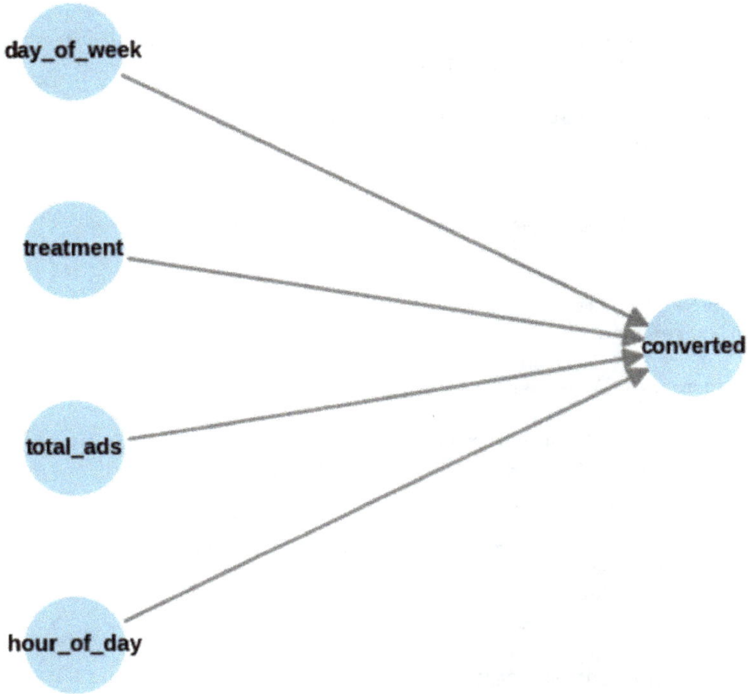

Figura 2.4: Modelo Causal - DoWhy

confundidores: ao fornecer common_causes explicitamente, o pesquisador determina quais variáveis serão ajustadas para identificar o efeito causal, baseando-se em conhecimento prévio do domínio(SHARMA; KICIMAN, 2020; DOWHY, 2025); já sem essa especificação, o DoWhy automaticamente identifica os confundidores a partir da estrutura do grafo causal, podendo incluir mais variáveis mas também arriscando ajustar para covariáveis desnecessárias. Ambas abordagens têm trade-offs entre controle do pesquisador e automatização do método.

Explicação dos Estimandos do DoWhy

Explicação dos estimandos presentes na saída acima:

Backdoor (Estimand 1)

Lembra do caso do sorvete? Existia temperatura (Z), sorvete (X) e afogamentos (Y). Z cria um tipo de caminho falso entre X e Y, gerando correlação que não é causal. O nome disso é correlação espúria. O critério backdoor mostra que existe um conjunto de variáveis Z que quebra todos esses atalhos espúrios e com isso permite a mensuração do efeito causal verdadeiro. Se você não controlar por temperatura, vai superestimar o efeito do sorvete sobre o número de afogamentos. Pearl comente sobre a fórmula de ajuste $P(Y|do(X)) = \sum_z P(Y|X,z)P(z)$.(PEARL, 2009a). Entenda o operador do(X=x) como uma ação, um verbo, que é intervir e não observar, como nos métodos clássicos. Observar quem toma sorvete é diferente de "forçar as pessoas a tomarem sorvete". O do-calculus separa essas duas coisas. É como se Pearl destacasse a mudança de efeito de X em Y, quebrando as setas que entram em X no grafo causal.

Em outras palavras, o critério backdoor é uma das formas mais comuns de identificar o efeito causal. Ele sugere que, se podemos ajustar (condicionar) por um conjunto de variáveis que bloqueia todos os caminhos espúrios (backdoor paths) entre o tratamento e o resultado, então podemos estimar o efeito causal.

Expressão: A expressão $\frac{\partial}{\partial propaganda} E[converted]$ representa a derivada da expectativa do resultado em relação ao tratamento, ou seja, a mudança no resultado médio para uma mudança infinitesimal no tratamento (para tratamento contínuo). No caso de tratamento binário, é a diferença média.

Como fica então a palavra confundidor? Pearl(PEARL, 2009a) faz a suposição de unconfoundedness (não confundimento). Lembra do exemplo dado no capítulo anterior sobre mensuração da felicidade? Você compara pessoas felizes com pessoas infelizes usando indicadores como frequência de risos, qualidade do sono, conexões sociais e nível de estresse para medir felicidade. Esses são os confundidores. A suposição de Pearl diz que se conseguirmos medir todos esses fatores que influenciam a felicidade, e controlamos por eles, então o tratamento vira algo como se fosse aleatório. Formalmente, apenas por curiosidade, é algo como $Y(0), Y(1) \perp X|Z$. Nos capítulos 7 e 11 de seu livro, Pearl(PEARL, 2009a) mostra que a ignorabilidade(RUBIN, 1974) é igual ao critério backdoor.

Suposição (Unconfoundedness): A suposição de não-confundedness (ou ignorabilidade) afirma que, após ajustar para as variáveis de confusão (U), a atribuição do tratamento é independente do resultado potencial. Em outras palavras, não há confundidores não observados.

IV - Instrumental Variable (Estimand 2)

Imagine que você quer descobrir se estudar mais (X) causa melhores notas (Y). Mas existe um problema: alunos mais dedicados estudam mais e tiram mais notas, alunos com mais tempo livre estudam mais e tiram mais notas, alunos com mais incentivo dos pais estudam mais e tiram mais notas. Essas coisas são confundidores não observados (muitas vezes você não tem como medir dedicação, incentivo familiar, etc.).

Qual seria o problema nisso? Lembra da suposição do parágrafo anterior? Se você não consegue medir os confundidores, o Critério Backdoor falha. Então, o que fazer? Usar uma variável instrumental (Z), que é uma espécie de "empurrão aleatório" que afeta o tratamento (X), não afeta o resultado (Y) diretamente (apenas via X) e não está ligada aos confundidores. Como seria possível isso? Neste exemplo, seria como se um professor jogasse uma moeda. Se der cara, ele dá uma tarefa extra (mais estudo). Se der coroa, não dá nada (menos estudo). Nesse exemplo, a moeda afeta estudar (quem tirou "cara"provavelmente estudou mais) e não tem relação com inteligência, dedicação, renda e motivação e não afeta a nota diretamente (a moeda em si não melhora notas). A moeda é um instrumento perfeito. Z empurra X, mas não empurra Y (exceto através de X) e não está contaminado por nenhum fator que gere viés. Não são fáceis de encontrar no mundo real.

O DoWhy tenta encontrar automaticamente uma variável Z no seu DAG que obedeça às três regras(SHARMA; KICIMAN, 2020; DOWHY, 2025): Z afeta X (relevância), Z não afeta Y diretamente (exclusão) e Z não compartilha confundidores com X (independência). Se nenhuma variável do seu conjunto cumpre isso, ele responde "No such variable(s) found".

No resultado acima é possível ver "No such variable(s) found!", que indica que não foi encontrada nenhuma variável instrumental no modelo. Portanto, esse método não pôde ser aplicado.

Frontdoor (Estimand 3)

O Critério Frontdoor é como uma "rota alternativa" para descobrir causalidade quando existem confundidores não observados entre o tratamento (X) e o resultado (Y) e não é possível ajustar esses confundidores (portanto, Backdoor falhou), mas existe pelo menos um mediador (M) pelo qual toda a influência de X sobre Y passa(SHARMA; KICIMAN, 2020; DOWHY, 2025). Para chegar em Y, X precisa passar por um caminho M. Além disso, não pode haver confundidores entre X e M e nem entre M e Y. De acordo com Pearl(PEARL, 2009a), se isso tudo aqui for verdade, podemos calcular o efeito causal mesmo com confundidores não observados entre X Y.

Formalmente, apenas por motivo de curiosidade, a formulação é algo como $E[Y|do(X=x)] = \sum_m P(m|x) \sum_{x'} E[Y|m,x']P(x')$.

Também é raro de encontrar, porque exige uma combinação muito rara como sem confundidor entre X e M, sem confundidores entre M e Y, sem caminho direto entre X e Y. Quando não encontra, o DoWhy emite uma mensagem como "No such variable(s) found!".

No resultado acima é possível ver "No such variable(s) found!", o que indica que não foi encontrado um mediador que satisfaça o critério frontdoor.

General Adjustment (Estimand 4)

É uma versão mais flexível e abrangente do Backdoor Adjustment(SHARMA; KICIMAN, 2020; DOWHY, 2025). No Backdoor clássico Z deve bloquear todos os backdoor paths, Z não pode conter descendentes de X, Z não pode abrir colliders, enquanto que no General Adjustment é permitido ajustar por variáveis mais complexas, podem existir mediadores secundários no grafo, pode haver múltiplos componentes conectados e pode usar regras mais gerais da teoria de grafos causais (ID algorithm). Quando não encontrado, emite uma mensagem "No such variable(s) found!".

Aqui foi encontrado e já foi comentado acima.

Cuidado

Apesar de não ter feita a refutação para deixar o livro menos espesso e menos repetitivo, ao final, sempre deverá ser feita a refutação em todas as mensurações que fizer usando DoWhy. Isso garante robustez e é parte necessária de acordo com o próprio manual.

Novas Perguntas com DoWhy

Às vezes, não queremos apenas medir uma campanha. Gostaríamos de fazer outras coisas como segmentar campanhas, otimizar anúncios por hora/dia, entender saturação de ads, saber onde vale investir e prever retorno de expandir o tratamento. Para estratégia no mundo real de marketing, isso é ouro.

O ATE responde: "Em média, enviar a campanha aumenta ou reduz a conversão?"

O ATT responderá: "A campanha funcionou para quem realmente recebeu?"

O ATC responderá: "Se eu enviar a campanha às pessoas que não receberam, funciona?"

O Conditional Average Treatment Effects (CATE) por hora responderá: "A campanha funciona melhor de madrugada? De manhã? À tarde?"

O Conditional Average Treatment Effects (CATE) por dia da semana responderá: "O efeito é maior no domingo do que na segunda?"

O Conditional Average Treatment Effects (CATE) por número de anúncios responderá: "Existe saturação? O efeito desaparece quando mostra muitos anúncios?".

Veremos como responder a todas essas perguntas abaixo no exemplo prático dado da campanha de marketing(SHARMA; KICIMAN, 2020; DOWHY, 2025). O CATE é o efeito médio do tratamento condicionado a um conjunto específico de características. Ele mede quanto o tratamento causa efeito para um grupo específico de indivíduos — não para toda a população. Enquanto o ATE pergunta "Qual é o efeito médio do tratamento para toda a população?", o CATE pergunta "Qual é o efeito causal para um subgrupo específico definido por características X?" Outro nome equivalente para CATE é heterogeneous treatment effects.

ATT (Average Treatment effect on the Treated

Respondemos a pergunta "Em média, enviar a publicidade aumenta ou reduz a conversão?" acima e agora gostaríamos de responder a pergunta "A publicidade funcionou para quem realmente recebeu?". Para isso vamos utilizar a métrica ATT mencionada na seção 1.3. Para isso, utilizamos o código abaixo:

```
from dowhy import CausalModel

causal_graph = """
digraph {
    hour_of_day -> converted;
    total_ads -> converted;
    day_of_week -> converted;
    treatment -> converted;
}
"""

modelo = CausalModel(
    data=df,
    treatment="treatment",
    outcome="converted",
    common_causes=common_causes,
    graph=causal_graph
)

print("\n=============== Resumo do modelo
    causal (DoWhy) ===============")
print(modelo)

# 6.2) Identificação do efeito causal (
    backdoor)
estimand = modelo.identify_effect()
```

```python
print("\n================ Estimand identificado pelo DoWhy ================")
print(estimand)

# 6.3) Estimação do efeito causal: ATT (Average Treatment effect on the Treated)
est_att = modelo.estimate_effect(
    estimand,
    method_name="backdoor.linear_regression",
    target_units="att",
    confidence_intervals=True,
    test_significance=True
)

print("\n================ Estimativa causal (DoWhy, backdoor.linear_regression, ATT) ================")
print(est_att)
print(f"\nEfeito causal estimado (DoWhy) - ATT: {est_att.value:.3f}")

try:
    print("IC 95%:", est_att.get_confidence_intervals())
    print("p-value:", est_att.test_stat_significance("p_value")["p_value"].round(4))
except Exception:
    pass
```

Assim, a saída ficou conforme abaixo:

```
================ Resumo do modelo causal (DoWhy) ================
<dowhy.causal_model.CausalModel object at 0x7d93ed8d0860>
```

```
================ Estimand identificado pelo DoWhy ================
Estimand type: EstimandType.NONPARAMETRIC_ATE

### Estimand : 1
Estimand name: backdoor
Estimand expression:
     d
       (E[converted])
d[treatment]
Estimand assumption 1, Unconfoundedness: If U→{treatment} and U→converted
↪  then P(converted|treatment,,U) = P(converted|treatment,)

### Estimand : 2
Estimand name: iv
No such variable(s) found!

### Estimand : 3
Estimand name: frontdoor
No such variable(s) found!

### Estimand : 4
Estimand name: general_adjustment
Estimand expression:
     d
       (E[converted])
d[treatment]
Estimand assumption 1, Unconfoundedness: If U→{treatment} and U→converted
↪  then P(converted|treatment,,U) = P(converted|treatment,)


================ Estimativa causal (DoWhy, backdoor.linear_regression,
↪  ATT)
*** Causal Estimate ***

## Identified estimand
Estimand type: EstimandType.NONPARAMETRIC_ATE

### Estimand : 1
Estimand name: backdoor
Estimand expression:
     d
       (E[converted])
d[treatment]
Estimand assumption 1, Unconfoundedness: If U→{treatment} and U→converted
↪  then P(converted|treatment,,U) = P(converted|treatment,)

## Realized estimand
b: converted~treatment+treatment*hour_of_day+
```

```
treatment*total_ads+treatment*day_of_week
Target units:

## Estimate
Mean value: 0.007683864549426805
p-value: [1.04546865e-98]
95.0% confidence interval: (np.float64(0.006063542823703503),
↪ np.float64(0.009491362735046902))
### Conditional Estimates

Efeito causal estimado (DoWhy) - ATT: 0.008
IC 95%: (np.float64(0.006063542823703503),
↪ np.float64(0.009491362735046902))
p-value: [0.]
```

A fase de identificação (identify_effect) **sempre** identifica o estimando ATE. O tratamento elevou a conversão entre quem recebeu tratamento em 0,8 pontos percentuais. O efeito é estatisticamente sólido (p-valor próximo de zero), o efeito é causal (via backdoor+controle) e o efeito é muito próximo o ATE, porque provavelmente os dados estão balanceados.

> **Cuidado**
>
> *Apesar de não ter feita a refutação para deixar o livro menos espesso e menos repetitivo, ao final, sempre deverá ser feita a refutação em todas as mensurações que fizer usando DoWhy. Isso garante robustez e é parte necessária de acordo com o próprio manual.*

ATC (Average Treatment effect on the Controls)

Agora gostaríamos de responder a pergunta "Se eu enviar a campanha às pessoas que não receberam, funciona?". Para isso vamos utilizar a métrica ATC mencionada na seção 1.3. Para isso, utilizamos o código abaixo:

```
from dowhy import CausalModel
```

```
common_causes=['hour_of_day', 'total_ads', 'day_of_week']
causal_graph = """
digraph {
    hour_of_day -> converted;
    total_ads -> converted;
    day_of_week -> converted;
    treatment -> converted;
}
"""

modelo = CausalModel(
    data=df,
    treatment="treatment",
    outcome="converted",
    common_causes=common_causes,
    graph=causal_graph
)

print("\n================ Resumo do modelo causal (DoWhy) ================")
print(modelo)

# 1) Identificação do estimando
estimand = modelo.identify_effect()
print("\n================ Estimand identificado pelo DoWhy ================")
print(estimand)

# 2) Estimação do efeito causal: ATC (Average Treatment effect on the Controls)
est_atc = modelo.estimate_effect(
    estimand,
```

```
    method_name="backdoor.linear_regression",
    target_units="atc",          # <<< AQUI ALTERA
    confidence_intervals=True,
    test_significance=True
)

print("\n================ Estimativa causal (DoWhy, backdoor.linear_regression, ATC) ================")
print(est_atc)
print(f"\nEfeito causal estimado (DoWhy) - ATC: {est_atc.value:.3f}")

try:
    print("IC 95%:", est_atc.get_confidence_intervals())
    print("p-value:", est_atc.test_stat_significance("p_value")['p_value'].round(4))
except Exception:
    pass
```

Assim, a saída ficou conforme abaixo:

```
================ Resumo do modelo causal (DoWhy) ================
<dowhy.causal_model.CausalModel object at 0x7d93ed2fbf50>

================ Estimand identificado pelo DoWhy ================
Estimand type: EstimandType.NONPARAMETRIC_ATE

### Estimand : 1
Estimand name: backdoor
Estimand expression:
     d
       (E[converted])
d[treatment]
Estimand assumption 1, Unconfoundedness: If U→{treatment} and U→converted
↪   then P(converted|treatment,,U) = P(converted|treatment,)
```

```
### Estimand : 2
Estimand name: iv
No such variable(s) found!

### Estimand : 3
Estimand name: frontdoor
No such variable(s) found!

### Estimand : 4
Estimand name: general_adjustment
Estimand expression:
     d
       (E[converted])
d[treatment]
Estimand assumption 1, Unconfoundedness: If U→{treatment} and U→converted
↪  then P(converted|treatment,,U) = P(converted|treatment,)
================ Estimativa causal (DoWhy, backdoor.linear_regression,
↪  ATC)
*** Causal Estimate ***

## Identified estimand
Estimand type: EstimandType.NONPARAMETRIC_ATE

### Estimand : 1
Estimand name: backdoor
Estimand expression:
     d
       (E[converted])
d[treatment]
Estimand assumption 1, Unconfoundedness: If U→{treatment} and U→converted
↪  then P(converted|treatment,,U) = P(converted|treatment,)

## Realized estimand
b: converted~treatment+treatment*hour_of_day+
treatment*total_ads+treatment*day_of_week
Target units:

## Estimate
Mean value: 0.007686502682266359
p-value: [1.01079209e-81]
95.0% confidence interval: (np.float64(0.006077166330209022),
↪  np.float64(0.009784997218851992))
### Conditional Estimates
__categorical__hour_of_day  __categorical__total_ads
↪  __categorical__day_of_week
Efeito causal estimado (DoWhy) - ATC: 0.008
```

```
IC 95%: (np.float64(0.006077166330209022),
↪ np.float64(0.009784997218851992))
p-value: [0.]
```

A fase de identificação (identify_effect) **sempre** identifica o estimador ATE. O tratamento elevou a conversão em 0,8 pontos percentuais. O efeito é estatisticamente sólido (p-valor próximo de zero), o efeito é causal (via backdoor+controle) e o efeito é muito próximo do ATE e do ATT, porque provavelmente os dados estão balanceados.

Cuidado

Apesar de não ter feita a refutação para deixar o livro menos espesso e menos repetitivo, ao final, sempre deverá ser feita a refutação em todas as mensurações que fizer usando DoWhy. Isso garante robustez e é parte necessária de acordo com o próprio manual.

CATE por hora

Nessa análise, queremos analisar o Conditional Average Treatment Effects (CATE) por hora para responder: "A campanha funciona melhor de madrugada? De manhã? À tarde?"

Para isso, utilizamos o código abaixo:

```python
from dowhy import CausalModel
import pandas as pd
import matplotlib.pyplot as plt
common_causes=['hour_of_day', 'total_ads', '
    day_of_week']
# Grafo causal que você já validou
causal_graph = """
digraph {
    hour_of_day -> converted;
    total_ads -> converted;
```

```
    day_of_week -> converted;
    treatment -> converted;
}
"""

# Criar modelo
modelo = CausalModel(
    data=df,
    treatment="treatment",
    outcome="converted",
    common_causes=common_causes,
    effect_modifiers=["hour_of_day"],
    graph=causal_graph
)

# Identificação
estimand = modelo.identify_effect()

# CATE por hora
est_cate_hour = modelo.estimate_effect(
    estimand,
    method_name="backdoor.linear_regression",
    target_units="ate",
    confidence_intervals=True,
    test_significance=True
)

print("\n============ CATE por hora
   ===========")
# 1) Pegar os CATEs do DoWhy
cate_ce = est_cate_hour.conditional_estimates
```

```python
# Se vier como Series, vira DataFrame; se já
    for DataFrame, só ajusta
if isinstance(cate_ce, pd.Series):
    cate_df = cate_ce.to_frame(name="cate")
else:
    # supomos 1 coluna com os efeitos
    colname = cate_ce.columns[0]
    cate_df = cate_ce.rename(columns={colname:
        "cate"})

print("Visão bruta dos CATEs:")
print(cate_df.head())

# 2) CATE médio por FAIXA DE HORA, colapsando
    total_ads e day_of_week
cate_by_hourbin = (
    cate_df
    .groupby(level="__categorical__hour_of_day
        ")["cate"]
    .mean()
    .reset_index()
    .rename(columns={"
        __categorical__hour_of_day": "hour_bin"
        })
)

print("\nCATE médio por faixa de hora:")
print(cate_by_hourbin)

# 3) Classificar cada faixa de hora em período
     do dia (madrugada/manhã/tarde/noite)
def classificar_periodo(intervalo):
    """
```

```
    intervalo: pandas.Interval, ex: Interval(-0.001, 11.0, closed='right')
    """
    low = float(intervalo.left)
    high = float(intervalo.right)

    if high <= 6:
        return "Madrugada"
    elif high <= 12:
        return "Manhã"
    elif high <= 18:
        return "Tarde"
    else:
        return "Noite"

cate_by_hourbin["periodo"] = cate_by_hourbin["hour_bin"].apply(classificar_periodo)

# 4) CATE médio por período (responde a pergunta executiva)
cate_por_periodo = (
    cate_by_hourbin
    .groupby("periodo")["cate"]
    .mean()
    .sort_values(ascending=False)
)

print("\nCATE médio por período do dia:")
print(cate_por_periodo)

# 5) (Opcional) gráfico CATE por faixa de hora
plt.figure(figsize=(8,4))
```

```
plt.plot(cate_by_hourbin["hour_bin"].astype(
    str), cate_by_hourbin["cate"], marker="o")
plt.xticks(rotation=45, ha="right")
plt.axhline(0, linestyle="--")
plt.ylabel("CATE Δ( probabilidade de conversão)
    ")
plt.xlabel("Faixa de hora (
    __categorical__hour_of_day)")
plt.title("Efeito causal do tratamento por
    faixa de hora (DoWhy)")
plt.tight_layout()
plt.show()
```

Assim, a saída ficou conforme abaixo:

```
============= CATE por hora ============
Visão bruta dos CATEs:
CATE médio por faixa de hora:
         hour_bin      cate
0  (-0.001, 11.0]  0.004298
1    (11.0, 13.0]  0.006771
2    (13.0, 16.0]  0.008074
3    (16.0, 19.0]  0.010474
4    (19.0, 23.0]  0.012264

CATE médio por período do dia:
periodo
Noite    0.011369
Tarde    0.007422
Manhã    0.004298
Name: cate, dtype: float64
```

Na saída acima, é possível ver o CATE médio por período (onde a noite possui a maior média com 0.011369, seguida da tarde (0.007422) e da manhã (0.004298). A madrugada não apareceu porque não houve faixa somente até 6 horas da manhã, porque o qcut (algoritmo) dividiu diferente (o que é normal).

Na imagem 2.5, o efeito causal aumenta de manhã até a noite, crescendo continuamente.

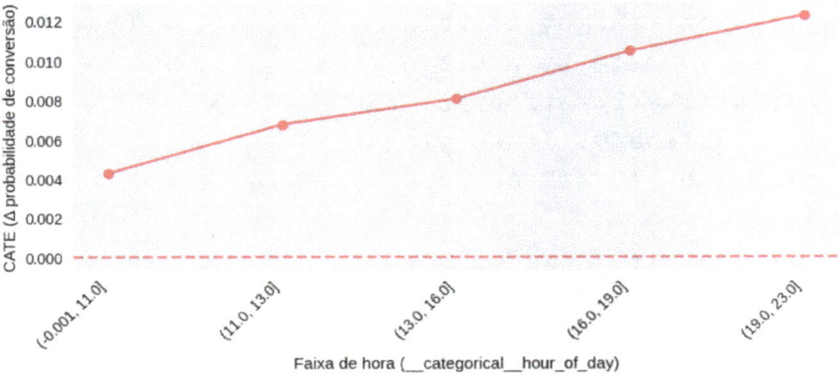

Figura 2.5: Efeito causal do tratamento por faixa de hora - DoWhy

Com os dados acima, é possível perceber que o período onde a campanha é mais eficaz é o período noturno, entre 19h e 23h, com CATE médio de 0.0114, ou seja, 1,14 p.p.. Se a empresa puder aumentar o orçamento ou lances em horários específicos, priorize o período noturno. Se o objetivo é maximizar conversão, coloque mais tráfego entre 19 horas e 23 horas. Se o custo por divulgação for menor de madrugada, pode valer um teste A/B específico só para madrugada.

Cuidado

Apesar de não ter feita a refutação para deixar o livro menos espesso e menos repetitivo, ao final, sempre deverá ser feita a refutação em todas as mensurações que fizer usando DoWhy. Isso garante robustez e é parte necessária de acordo com o próprio manual.

CATE por dia da semana

Nessa análise, queremos analisar o Conditional Average Treatment Effects (CATE) por dia da semana para responder: "O efeito é maior no domingo do que na segunda?"

Para isso, utilizamos o código abaixo:

```
from dowhy import CausalModel
import pandas as pd
import matplotlib.pyplot as plt

common_causes = ['hour_of_day', 'total_ads', 'day_of_week']

# Grafo causal
causal_graph = """
digraph {
    hour_of_day -> converted;
    total_ads -> converted;
    day_of_week -> converted;
    treatment -> converted;
}
"""

# 1) Modelo causal com CATE por DIA DA SEMANA
modelo_week = CausalModel(
    data=df,
    treatment="treatment",
    outcome="converted",
    common_causes=common_causes,
    effect_modifiers=["day_of_week"],    # <<< agora o modificador é o dia
    graph=causal_graph
)
```

```python

estimand_week = modelo_week.identify_effect()

est_cate_week = modelo_week.estimate_effect(
    estimand_week,
    method_name="backdoor.linear_regression",
    target_units="ate",
    confidence_intervals=True,
    test_significance=True
)

print("\n============= CATE por dia da semana (DoWhy) ============")

# 2) Pegar os CATEs do DoWhy
cate_ce = est_cate_week.conditional_estimates  # dict ou Series/DataFrame

# Se for Series -> DataFrame
if isinstance(cate_ce, pd.Series):
    cate_df = cate_ce.to_frame(name="cate")
else:
    colname = cate_ce.columns[0]
    cate_df = cate_ce.rename(columns={colname: "cate"})

print("Visão bruta dos CATEs:")
print(cate_df.head())

# 3) Descobrir o nome do nível relativo ao dia da semana
level_names = cate_df.index.names
```

```python
dow_level = [n for n in level_names if "day_of_week" in str(n)][0]

# 4) CATE médio por dia (colapsando qualquer outra estratificação)
cate_by_dow = (
    cate_df
    .groupby(level=dow_level)["cate"]
    .mean()
    .reset_index()
    .rename(columns={dow_level: "dow_bin"})
)

print("\nCATE médio por 'dia da semana' (como o DoWhy estratizou):")
print(cate_by_dow)

# 5) (opcional) tentar aproximar para rótulos 0..6 ou 1..7
#    Se o índice for Interval, usamos o limite superior como proxy
if isinstance(cate_by_dow["dow_bin"].iloc[0], pd.Interval):
    def approx_dow(intervalo):
        # ex: Interval(-0.001, 1.0] -> ~0 ; Interval(1.0, 2.0] -> ~1 etc.
        high = float(intervalo.right)
        return int(round(high - 1))  # ajuste se seu dia começar em 1

    cate_by_dow["dow_num"] = cate_by_dow["dow_bin"].apply(approx_dow)
else:
```

```
    # já é algo como 0,1,2,... ou 1,2,3,...
    cate_by_dow["dow_num"] = cate_by_dow["
        dow_bin"]

print("\nCATE médio por dia (numérico
    aproximado):")
print(cate_by_dow[["dow_num", "cate"]].
    sort_values("dow_num"))

# 6) (Opcional) mapa de nomes para dia da
    semana (ajuste conforme sua codificação)
map_dia = {
    0: "Dia 0",
    1: "Dia 1",
    2: "Dia 2",
    3: "Dia 3",
    4: "Dia 4",
    5: "Dia 5",
    6: "Dia 6",
}
cate_by_dow["dia_nome"] = cate_by_dow["dow_num
    "].map(map_dia)

# 7) Gráfico de barras CATE por dia
plt.figure(figsize=(8,4))
plt.bar(cate_by_dow["dia_nome"], cate_by_dow["
    cate"])
plt.axhline(0, linestyle="--")
plt.ylabel("CATE Δ( probabilidade de conversão)
    ")
plt.xlabel("Dia da semana")
plt.title("Efeito causal do tratamento por dia
     da semana (DoWhy)")
```

```
plt.tight_layout()
plt.show()
```

Assim, a saída ficou conforme abaixo:

```
============= CATE por dia da semana (DoWhy) ============
Visão bruta dos CATEs:
CATE médio por 'dia da semana' (como o DoWhy estratizou):
          dow_bin      cate
0  (-0.001, 1.0]  0.007918
1     (1.0, 2.0]  0.007277
2     (2.0, 4.0]  0.008175
3     (4.0, 5.0]  0.008688
4     (5.0, 6.0]  0.009821

CATE médio por dia (numérico aproximado):
  dow_num      cate
0       0  0.007918
1       1  0.007277
2       3  0.008175
3       4  0.008688
4       5  0.009821
```

De acordo com as informações acima, os dias 3, 4 e 5 são os dias que mais se destacam. No gráfico, isso fica ainda mais destacado, conforme imagem2.6.

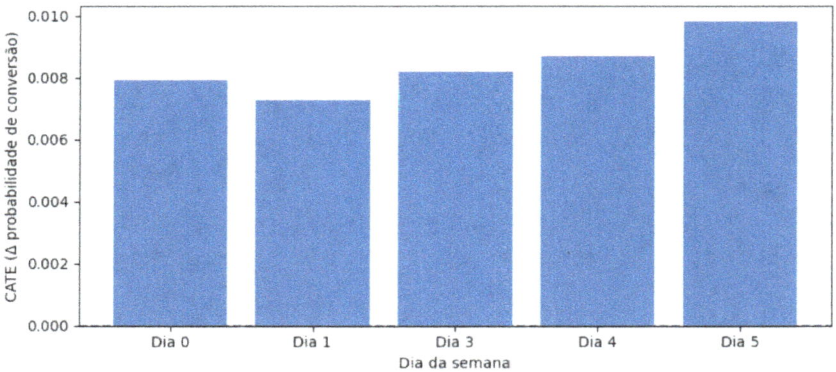

Figura 2.6: Efeito causal do tratamento por dia da semana - DoWhy

> **Cuidado**
>
> *Apesar de não ter feita a refutação para deixar o livro menos espesso e menos repetitivo, ao final, sempre deverá ser feita a refutação em todas as mensurações que fizer usando DoWhy. Isso garante robustez e é parte necessária de acordo com o próprio manual.*

Mapa 2D (Hora × Dia da Semana) do CATE

É possível combinar as duas soluções CATE (hora e dia da semana) em uma só imagem e assim aumentar o poder de compreensão da análise. O código abaixo gera o gráfico necessário:

```
import pandas as pd
import numpy as np
import matplotlib.pyplot as plt
import seaborn as sns

# 1) Pegar CATEs do DoWhy
cate_ce = est_cate_hour.conditional_estimates

# Transformar em DataFrame
if isinstance(cate_ce, pd.Series):
    cate_df = cate_ce.to_frame(name='cate')
else:
    colname = cate_ce.columns[0]
    cate_df = cate_ce.rename(columns={colname:
        "cate"})

# 2) Extrair nomes dos níveis (intervalos)
level_names = cate_df.index.names
hour_level  = [n for n in level_names if "hour
    " in n][0]
```

```
dow_level    = [n for n in level_names if "day" in n][0]

# 3) CATE(hora_bin, dia_da_semana_bin) = média ao longo do total_ads
cate_2d = (
    cate_df
    .groupby([hour_level, dow_level])["cate"]
    .mean()
    .reset_index()
)

# 4) Converter intervalos para valores numéricos (ex: usar limite superior)
def interval_to_float(intervalo):
    if isinstance(intervalo, pd.Interval):
        return float(intervalo.right)
    return float(intervalo)

cate_2d["hour_num"] = cate_2d[hour_level].apply(interval_to_float)
cate_2d["dow_num"]  = cate_2d[dow_level].apply(interval_to_float)

# 5) Tabela dinâmica Hora × Dia
heatmap_data = cate_2d.pivot_table(
    index="hour_num",
    columns="dow_num",
    values="cate"
)

# 6) Plot - Heatmap causal
plt.figure(figsize=(12,6))
```

```
sns.heatmap(
    heatmap_data,
    cmap="RdYlGn",    # verde = efeito forte positivo; vermelho = fraco/negativo
    annot=True,
    fmt=".3f",
    cbar_kws={"label": "CATE Δ( probabilidade de conversão)"}
)
plt.title("Mapa Causal 2D - CATE por (Hora × Dia da Semana)")
plt.xlabel("Dia da semana")
plt.ylabel("Hora do dia (aprox.)")
plt.yticks(rotation=0)
plt.show()
```

A saída do código acima está na imagem 2.7 abaixo:

De acordo com a imagem 2.7, os dias 4, 5 e 6 às 23 horas são as melhores janelas para o envio de uma propaganda.

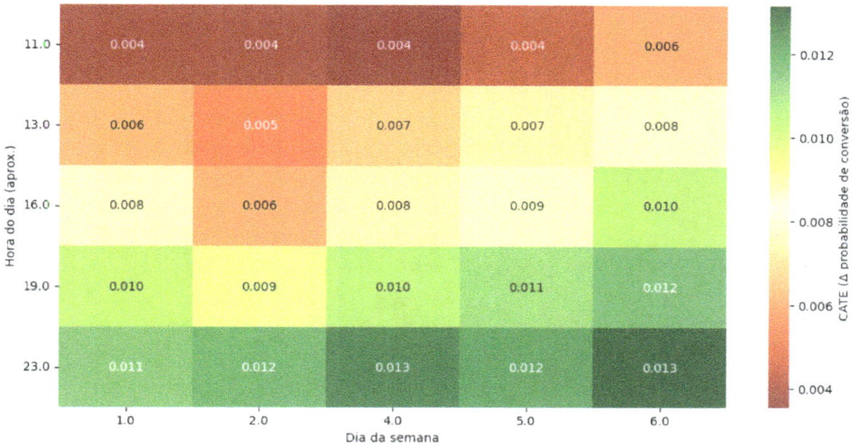

Figura 2.7: Mapa Causal 2D - CATE por (Hora x Dia da Semana)

Cuidado

Apesar de não ter feita a refutação para deixar o livro menos espesso e menos repetitivo, ao final, sempre deverá ser feita a refutação em todas as mensurações que fizer usando DoWhy. Isso garante robustez e é parte necessária de acordo com o próprio manual.

CATE por número de anúncios

O Conditional Average Treatment Effects (CATE) por número de anúncios responderá: "Existe saturação? O efeito desaparece quando mostra muitos anúncios?". Para isso, rode o código abaixo:

```
from dowhy import CausalModel
import pandas as pd
import matplotlib.pyplot as plt

```

```
common_causes = ["hour_of_day", "total_ads", "day_of_week"]

# Grafo causal
causal_graph = """
digraph {
    hour_of_day -> converted;
    total_ads -> converted;
    day_of_week -> converted;
    treatment -> converted;
}
"""

# Modelo causal - modificador agora é total_ads
modelo_ads = CausalModel(
    data=df,
    treatment="treatment",
    outcome="converted",
    common_causes=common_causes,
    effect_modifiers=["total_ads"],    # <<< AQUI!
    graph=causal_graph
)

estimand_ads = modelo_ads.identify_effect()

est_cate_ads = modelo_ads.estimate_effect(
    estimand_ads,
    method_name="backdoor.linear_regression",
    target_units="ate",
    confidence_intervals=True,
    test_significance=True
)
```

```python
# Pegar conditional estimates
cate_ce = est_cate_ads.conditional_estimates

# Converter para DataFrame
if isinstance(cate_ce, pd.Series):
    cate_df = cate_ce.to_frame(name="cate")
else:
    colname = cate_ce.columns[0]
    cate_df = cate_ce.rename(columns={colname: "cate"})

print("\nPrimeiras linhas dos CATEs por total_ads:")
print(cate_df.head())
level_names = cate_df.index.names
ads_level = [n for n in level_names if "total_ads" in n][0]
cate_by_adsbin = (
    cate_df
    .groupby(level=ads_level)["cate"]
    .mean()
    .reset_index()
    .rename(columns={ads_level: "ads_bin"})
)

print("\nCATE por faixa de total_ads:")
print(cate_by_adsbin)
def intervalo_para_float(intervalo):
    if isinstance(intervalo, pd.Interval):
        return float(intervalo.right)
    return float(intervalo)

```

```python
cate_by_adsbin["ads_num_aprox"] =
    cate_by_adsbin["ads_bin"].apply(
    intervalo_para_float)
cate_by_adsbin = cate_by_adsbin.sort_values("
    ads_num_aprox")

print("\nCATE ordenado por número de
    propagandas:")
print(cate_by_adsbin)
plt.figure(figsize=(10,4))
plt.plot(
    cate_by_adsbin["ads_num_aprox"],
    cate_by_adsbin["cate"],
    marker="o",
    linewidth=2
)
plt.axhline(0, linestyle="--", color="gray")
plt.xlabel("Número aproximado de propagandas (
    faixa)")
plt.ylabel("CATE (efeito causal no converted)"
    )
plt.title("CATE por número de propagandas (
    DoWhy)")
plt.grid(True, alpha=0.3)
plt.show()
```

A saída do código acima fica assim, conforme quadro abaixo:

```
Primeiras linhas dos CATEs por total_ads:
CATE por faixa de total_ads:
          ads_bin      cate
0    (0.999, 3.0] -0.009837
1      (3.0, 8.0] -0.006659
2     (8.0, 17.0] -0.000812
3    (17.0, 33.0]  0.007858
4  (33.0, 2065.0]  0.051330
```

```
CATE ordenado por número de propagandas:
           ads_bin       cate ads_num_aprox
0     (0.999, 3.0] -0.009837            3.0
1       (3.0, 8.0] -0.006659            8.0
2      (8.0, 17.0] -0.000812           17.0
3     (17.0, 33.0]  0.007858           33.0
4   (33.0, 2065.0]  0.051330         2065.0
```

A resposta é: não há saturação. Quanto mais anúncios se enviar, maior será a conversão, conforme imagem 2.8.

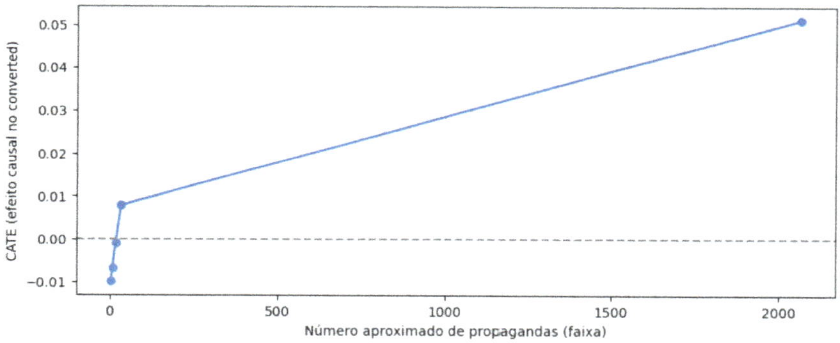

Figura 2.8: CATE por número de propagandas - DoWhy

> **Cuidado**
>
> *Apesar de não ter feita a refutação para deixar o livro menos espesso e menos repetitivo, ao final, sempre deverá ser feita a refutação em todas as mensurações que fizer usando Do Why. Isso garante robustez e é parte necessária de acordo com o próprio manual.*

ITE (Individual Treatment Effect)

Chegou a hora de conhecer mais uma métrica de causalidade. O famoso ITE (Individual Treatment Effect). Os efeitos causais são definidos no nível individual (o ATE seria um sumário)(PEARL, 2009a). O ITE é um efeito causal do tratamento em um indivíduo específico(JIN; REN; CANDèS, 2023). Seria como perguntar: "Quanto esse tratamento muda o resultado **para esta pessoa** em particular?"

Você poderia me perguntar: por que essa abordagem seria diferente das demais já vistas até aqui? Essa seria uma boa pergunta. O average treatment effect (ATE) ou o conditional average treatment effect (CATE) não fornecem uma quantificação para causalidades individuais(JIN; REN; CANDèS, 2023). Se algo for bom na média para a população, não implica, a rigor, que seja bom para um indivíduo em particular(JIN; REN; CANDèS, 2023).

No contexto atual, é a probabilidade de conversão dessa pessoa se ela visualizar o anúncio menos a probabilidade de conversão dessa mesma pessoa se ela não visualizar o banner(PEARL, 2009b). Ele é mais poderoso do que os demais, porque mostra quem realmente de beneficia do anúncio, quem não deveria receber o tratamento, como personalizar intervenções.

O DoWhy possui um módulo para estimar o efeito ITE de dados contínuos denominado de "backdoor.econml.dml.DML". No caso utilizado neste exemplo, rode o código abaixo:

```
from econml.dml import DML
from sklearn.linear_model import LinearRegression, LogisticRegression

X = df[['hour_of_day', 'total_ads', 'day_of_week']]
T = df['treatment']
Y = df['converted']

dml = DML(
    model_y = LinearRegression(),
```

```
    model_t = LogisticRegression(max_iter=200),
    model_final = LinearRegression(),
    discrete_treatment = True
)
dml.fit(Y, T, X=X)
ite = dml.effect(X)
```

Com esses dados em mãos, você teria o efeito de causalidade para cada indivíduo nesse banco de dados. As possibilidades são infinitas: você pode filtar indivíduos que não tiveram impacto no tratamento (neste exemplo, que receberam o anúncio) e estudá-los mais a fundo para descobrir o motivo para tal. Assim como você pode filtrar pessoas com o perfil mais parecido com aqueles que tiveram resposta positiva para o tratamento como público-alvo de futuras campanhas.

No código acima, você pode ver que utilizamos o F_Score como métrica, que é o ANOVA F-Test (One-way ANOVA) de Fisher(FISHER, 1992). Ele visa verificar o quanto a variável contribui para separar os grupos, ou seja, a variável X explica de maneira significativa a divisão dos ITEs em clusters (THOMAS, 1988). Quais variáveis condicionam a heterogeneidade causal (KÜNZEL et al., 2019)? Quais variáveis explicam diferenças no efeito do tratamento? Quais variáveis definem "super-respondentes" versus "não respondentes"? É preciso testar métodos simples para examinar heterogeneidade antes de usar modelos complexos (ATHEY; IMBENS, 2016; KÜNZEL et al., 2019).

É possível verificar a distribuição do ITE em torno da média ATE, conforme imagem 2.9. Para fazer isso, rode o código abaixo, após ter o ITE:

```
import numpy as np
import matplotlib.pyplot as plt

plt.figure(figsize=(10,5))
```

```
plt.hist(ite, bins=50, color="steelblue", alpha=0.8)
plt.axvline(np.mean(ite), color="red", linestyle="--", linewidth=2, label=f"ATE = {np.mean(ite):.4f}")
plt.title("Distribuição do ITE (Efeito Individual do Tratamento)")
plt.xlabel("ITE Δ( probabilidade de conversão)")
plt.ylabel("Frequência")
plt.legend()
plt.grid(alpha=0.2)
plt.show()
```

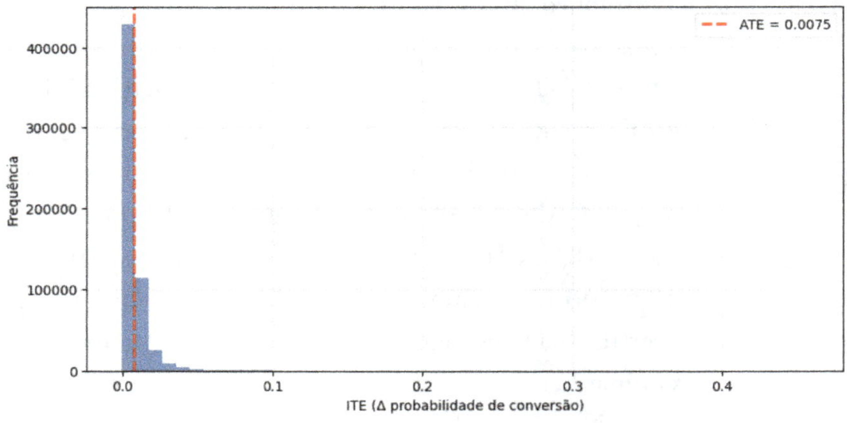

Figura 2.9: Distribuição do ITE - Efeito Individual do Tratamento

Com o ITE, podemos também avaliar grupos e descobrir quais fatores causais foram mais relevantes para a conversão, conforme código abaixo:

```
from sklearn.cluster import KMeans
```

```
import numpy as np
import pandas as pd

# Supondo que você já tem o ITE calculado
ite = ite  # array de ITE

# Cluster rápido (3 grupos)
kmeans = KMeans(n_clusters=3, random_state=42, n_init=10)
clusters = kmeans.fit_predict(ite.reshape(-1,1))

df_clusters = pd.DataFrame({
    "ITE": ite,
    "cluster": clusters,
    "hour_of_day": df["hour_of_day"],
    "total_ads": df["total_ads"],
    "day_of_week": df["day_of_week"]
})
from sklearn.feature_selection import f_classif

X = df_clusters[["hour_of_day", "total_ads", "day_of_week"]]
y = df_clusters["cluster"]

f_scores, p_values = f_classif(X, y)

importancia = pd.DataFrame({
    "variavel": X.columns,
    "F_score": f_scores,
    "p_value": p_values
}).sort_values("F_score", ascending=False)
```

```python
print(importancia)
```

Assim, teremos a seguinte saída para verificar que o total de anúncios é o fator mais relevante, seguido de dia da semana e horas do dia, respectivamente. Todos com o p-valor significativo:

```
variavel         F_score          p_value
1     total_ads  842117.590772   0.000000e+00
2  day_of_week      906.278613   0.000000e+00
0  hour_of_day      533.391869  3.636652e-232
```

Cuidado

Apesar de não ter feita a refutação para deixar o livro menos espesso e menos repetitivo, ao final, sempre deverá ser feita a refutação em todas as mensurações que fizer usando DoWhy. Isso garante robustez e é parte necessária de acordo com o próprio manual.

Comparação entre Abordagem Tradicional e Causal

Para esse caso de teste A/B, ambas as abordagens levam à mesma conclusão, mas o DoWhy oferece alguns benefícios didáticos e analíticos:

- Explicitação do modelo: o modelo serve como documentação de nossas suposições (no caso, suposição de randomização válida).
- Pipeline consistente: Usamos a mesma sequência lógica de passos que empregaríamos em casos observacionais. Isso significa que, se posteriormente quisermos incluir fatores adicionais (por exemplo, analisar o efeito condicional em segmentos de usuários, lidar com não-compliance etc.), estamos dentro de um framework unificado.

- Verificação: Podemos aplicar facilmente os métodos de refutação. Por exemplo, random_common_cause não deve alterar o resultado (e não altera), placebo_treatment_refuter deve mostrar nenhum efeito quando aleatorizamos o layout, fortalecendo a confiança no resultado.

- Facilita a integração com outras bibliotecas (como EconML, por exemplo) para estimativas mais avançadas, embora, nesse simples caso, não seja necessário.

O foco quando usamos o DoWhy passa a ser na análise e interpretação dos dados ao invés de algoritmos de escolha e codificação. Isso se deve à padronização da ferramenta. A vantagem do DoWhy não é técnica e sim metodológica.

Capítulo 3

Fio 2: Intermediário - Método de Estimativas do DoWhy

3.1 Exemplo Prático: Cursos de Inglês versus Salário

NAS seções anteriores, vimos como usar o modelo de regressão linear para estabelecer causalidade. Esse método de estimação usa $Y = \alpha + \tau T + \beta^T X + \epsilon$, onde T é o tratamento (0 ou 1 ou contínuo). X são os vetores de confundidores (idade, renda, etc.). A estimação foi realizada por meio dos mínimos quadrados (OLS)(DOWHY, 2025; SHARMA; KICIMAN, 2020). O efeito causal é o coeficiente de T (ou uma função dele) assumindo que você colocou todos os confundidores certos em X e a relação é linear ou próxima da linear. Aqui nessa abordagem, não assumiremos que os dados são lineares. Ao invés disso, vamos calcular a distância entre indivíduos tratados e controles nos X brutos(SHARMA; KICIMAN, 2020; DOWHY, 2025). Usaremos a distância 2 (distância euclidiana). Para cada tratado, procuramos um ou mais controles parecidos (em termos técnicos, quer dizer menor distância, mais próximos, mais parecidos) e estimamos o efeito comparando os tratados menos o controle e fazemos a média. Aqui, buscamos a sobreposição local, em que cada tratado é comparado com controles "gêmeos". Em linguagem matemática, $E[Y|do(T=1)] - E[Y|do(T=0)]$. Para isso, utilizaremos dados falsos, gerados especificamente com o propósito de demonstração. A intenção é mostrar como usar a ferramenta.

Os confundidores são: idade, anos de estudo, tempo livre por semana, curso de inglês e salário anual. Qual é o papel dos outros confundidores? A idade é um fator. Quanto mais idade a pessoa tem, menor salário, porque reduz a empregabilidade. Quanto mais anos de estudo, mais chance de ter um salário maior. Quanto mais tempo livre, maior oportunidade de aprender e fazer coisas extras. O código utilizado nessa análise é:

```
# -*- coding: utf-8 -*-
import numpy as np
import pandas as pd
from dowhy import CausalModel
# =================================
# 2) Modelo causal no DoWhy
# =================================
# Grafo causal em termos de texto (opcional, mas didático)
causal_graph = """
digraph {
    idade -> curso_ingles;
    idade -> salario_anual;
    anos_estudo -> curso_ingles;
    anos_estudo -> salario_anual;
```

```
    tempo_livre_semana -> curso_ingles;
    tempo_livre_semana -> salario_anual;
    curso_ingles -> salario_anual;
}
"""
model = CausalModel(
    data=df,
    treatment="curso_ingles",
    outcome="salario_anual",
    graph=causal_graph
)
# Se quiser que o DoWhy descubra os confundidores sozinho via grafo,
# não precisa passar common_causes explicitamente.
# Se preferir, você também poderia usar:
# model = CausalModel(
#     data=df,
#     treatment="curso_ingles",
#     outcome="salario_anual",
#     common_causes=["idade", "anos_estudo", "tempo_livre_semana"]
# )
print("Resumo do modelo causal:")
model.view_model(layout="dot")  # gera o gráfico (em ambiente com suporte)
# (em ambiente sem renderização, esse comando pode ser ignorado)
# ================================
# 3) Identificação: qual efeito estamos tentando estimar?
# ================================
identified_estimand = model.identify_effect()
```

```
print("\nEstimando o seguinte estimando causal:")
print(identified_estimand)
# ==============================
# 4) Estimação com Distance Matching (ATT)
# ==============================
causal_estimate_dmatch = model.estimate_effect(
    identified_estimand,
    method_name="backdoor.distance_matching",
    target_units="att",    # efeito sobre os tratados
    method_params={
        "distance_metric": "minkowski",
        "p": 2              # distância Euclidiana
    }
)
print("\n=== Estimativa com Distance Matching (DoWhy) ===")
print(causal_estimate_dmatch)
print("ATT (Distance Matching) ", causal_estimate_dmatch.value)
# ================================
# 5) Comparando com:
#    - efeito verdadeiro simulado
#    - diferença de médias ingênua
# =================================
# Diferença de médias ingênua (sem ajustar por confundidores)
media_tratados = df.loc[df["curso_ingles"] == 1, "salario_anual"].mean()
```

```python
66 media_controles = df.loc[df["curso_ingles"] ==
       0, "salario_anual"].mean()
67 diferenca_ingenua = media_tratados -
     media_controles
68 print("\n=== Comparações ===")
69 print(f"Efeito causal verdadeiro (simulado):
        {causal_estimate_dmatch.value:,.2f}")
70 print(f"Diferença de médias ingênua:
     {diferenca_ingenua:,.2f}")
71 print(f"ATT (Distance Matching - DoWhy):
     {causal_estimate_dmatch.value:,.2f}")
```

Todos os argumentos já foram estudados anteriormente. Repare que durante a estimação do efeito nas linhas de código 49, 50, 52 e 53, você pode ver a chamada específica para "backdoor.distance_matching". Aqui dizemos para o DoWhy usar a função de distância em vez de regressão linear. Em seguida, especificamos qual tipo de distância queremos, que nesse caso é a 2, euclidiana, de acordo com o manual. Na linha 50, pedimos que use a métrica ATT.

```
Estimando o seguinte estimando causal:
Estimand type: EstimandType.NONPARAMETRIC_ATE

### Estimand : 1
Estimand name: backdoor
Estimand expression:
       d
        (E[salario_anual|idade,tempo_livre_semana,anos_estudo])
d[curso_ingles]
Estimand assumption 1, Unconfoundedness: If U→{curso_ingles} and
↪  U→salario_anual then
↪  P(salario_anual|curso_ingles,idade,tempo_livre_semana,anos_estudo,U)
↪  = P(salario_anual|curso_ingles,idade,tempo_livre_semana,anos_estudo)

### Estimand : 2
Estimand name: iv
No such variable(s) found!

### Estimand : 3
Estimand name: frontdoor
```

```
No such variable(s) found!

### Estimand : 4
Estimand name: general_adjustment
Estimand expression:
       d
        (E[salario_anual|idade,tempo_livre_semana,anos_estudo])
d[curso_ingles]
Estimand assumption 1, Unconfoundedness: If U→{curso_ingles} and
↪   U→salario_anual then
↪   P(salario_anual|curso_ingles,idade,tempo_livre_semana,anos_estudo,U)
↪   = P(salario_anual|curso_ingles,idade,tempo_livre_semana,anos_estudo)


=== Estimativa com Distance Matching (DoWhy) ===
*** Causal Estimate ***

## Identified estimand
Estimand type: EstimandType.NONPARAMETRIC_ATE

### Estimand : 1
Estimand name: backdoor
Estimand expression:
       d
        (E[salario_anual|idade,tempo_livre_semana,anos_estudo])
d[curso_ingles]
Estimand assumption 1, Unconfoundedness: If U→{curso_ingles} and
↪   U→salario_anual then
↪   P(salario_anual|curso_ingles,idade,tempo_livre_semana,anos_estudo,U)
↪   = P(salario_anual|curso_ingles,idade,tempo_livre_semana,anos_estudo)

## Realized estimand
b: salario_anual~curso_ingles+idade+tempo_livre_semana+anos_estudo
Target units: att

## Estimate
Mean value: 7996.362689858742

ATT (Distance Matching)   7996.362689858742

=== Comparações ===
Efeito causal verdadeiro (simulado):   7,996.36
Diferença de médias ingênua:          9,721.40
ATT (Distance Matching - DoWhy):      7,996.36
```

Já vimos em seções anteriores o significado de cada saída aqui. Ficaremos no essencial. A saída "EstimandType.NONPARAMETRIC_ATE" mostra que a forma não presume forma paramétrica como era feito até então (DOWHY, 2025). O backdoor encontrou os confundidores salário anual, idade, tempo livre na semana e anos de estudo. Assumimos da mesma forma que antes, que todos os caminhos de viés (backdoor paths) estão bloqueados, ou seja, temos todos os dados de que precisamos para medir causalidade. A ignorabilidade condicional comentada nas seções anteriores está explícita aqui na parte (DOWHY, 2025):

```
Estimand assumption 1, Unconfoundedness:
If U → curso_ingles and U → salario_anual then
P(salario_anual | curso_ingles, idade, tempo_livre, anos_estudo, U)
= P(salario_anual | curso_ingles, idade, tempo_livre, anos_estudo)
```

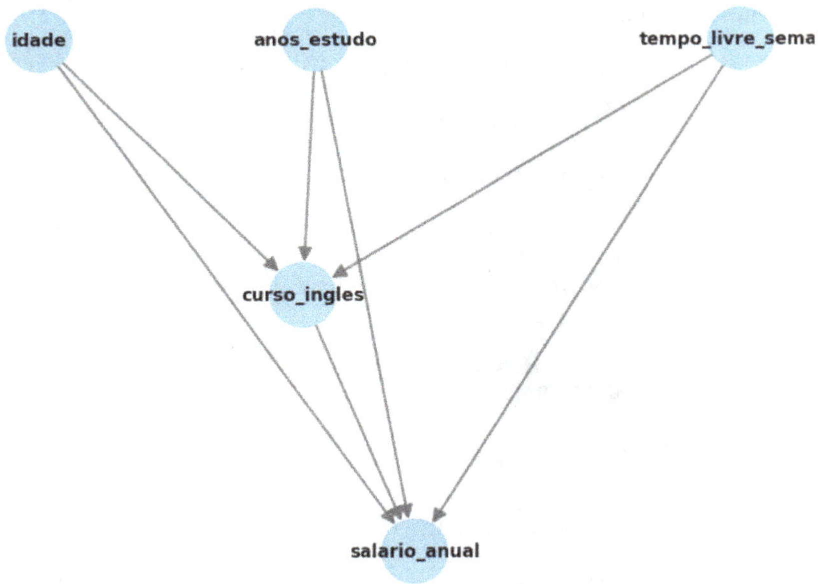

Figura 3.1: Modelo Causal Curso de Inglês versus Salário

Traduzindo, se existir algum fator oculto U que influencia tanto o fazer curso quanto o salário, esse U deve estar capturado (controlado) pelas variáveis idade, estudo e tempo livre. Em outras palavras, não pode haver confundidores omitidos além desses, conforme imagem 3.1.

Nas demais linhas, o DoWhy também não encontrou variável que afete o tratamento sem afetar o resultado (instrumento), nem variável que media completamente o efeito (frontdoor). O único caminho possível é o backdoor. Assim, poderemos responder a pergunta "Qual é o efeito do curso de inglês sobre as pessoas que de fato fizeram o curso?"

Na simulação dos dados, defini 'efeito_curso = 8000'. Podemos ver no código "Mean value:7996.3626...", ou seja, o efeito estimado é de R$ 7.996,36. O valor coincide com o utilizado realmente, o que mostra que o DoWhy foi capaz de recuperar o valor inicial. A diferença entre as médias ingênuas foi R$ 9.721,40. Ela compara quem fez o curso menos quem não fez o curso apenas $E[Y|curso = 1] - E[Y|curso = 0]$. Contudo, quem faz o curso tem mais anos de estudo, tem mais tempo livre e é mais jovem, logo, já ganharia mais mesmo sem o curso e por isso o efeito fica inflado. Esse é o viés de confusão clássico (confounding bias). Lembrando que o código completo pode ser encontrado no Github.

Cuidado

Apesar de não ter feita a refutação para deixar o livro menos espesso e menos repetitivo, ao final, sempre deverá ser feita a refutação em todas as mensurações que fizer usando Do Why. Isso garante robustez e é parte necessária de acordo com o próprio manual.

3.2 Exemplo Prático: Trabalho em home office versus produtividade

Veremos agora outra forma de mensurar causalidade sem ser paramétrica: "propensity_score_matching". Primeiro, estimamos o propensity score da seguinte forma: $e(X) = P(T = 1|X)$ (probabilidade de receber tratamento dadas as covariáveis). Depois é feito um combinação (matching) usando esse escalar e(X) em vez do vetor completo X(DOWHY, 2025). Se dois indivíduos têm o mesmo e(X), eles são comparáveis, independentemente de X detalhado. Essa análise difere da regressão linear porque a regressão linear coloca X direto no modelo de Y e o propensity score matching usa um modelo intermediário para $T \sim X$, e depois só usa e(X) para fabricar grupos comparáveis.

Traduzindo: primeiro, calculamos, para cada pessoa, a probabilidade de trabalhar em home office com base nas suas características. Depois pareamos pessoas com probabilidades semelhantes, mas uma trabalha em home office e a outra não. Isso cria 'pares comparáveis' e permite estimar o efeito causal do home office sobre a produtividade.

No exemplo que usaremos, queremos saber se trabalhar em home office (tratamento) aumenta a produtividade (resultado). Os dados são falsos, criados com o objetivo de demonstrar a técnica e a ferramenta. Algumas pessoas têm maior chance de serem selecionadas para home office porque têm função digital, moram longe e têm melhores computadores. O propensity score é a probabilidade de estar no tratamento, dados os seus atributos. Para isso, rode o código abaixo:

```
causal_graph = """
digraph {
    funcao_digital -> home_office;
    funcao_digital -> produtividade;
    distancia_escritorio -> home_office;
    distancia_escritorio -> produtividade;
```

```
    qualidade_pc -> home_office;
    qualidade_pc -> produtividade;
    home_office -> produtividade;
}
"""
model = CausalModel(
    data=df,
    treatment="home_office",
    outcome="produtividade",
    graph=causal_graph
)
print("Resumo do modelo causal:")
model.view_model(layout="dot")  # use em ambiente que renderize imagens
# ==============================
# Identificação do estimando causal
# =============================
identified_estimand = model.identify_effect()
print("\nEstimando o seguinte estimando causal:")
print(identified_estimand)
# ==============================
# Estimação com Propensity Score Matching (PSM)
# ==============================
causal_estimate_psm = model.estimate_effect(
    identified_estimand,
    method_name="backdoor.propensity_score_matching",
    target_units="att",  # efeito médio sobre quem está em home office
    method_params={
```

```
        # Em versões recentes, o DoWhy já estima o propensity internamente
        # e faz o matching com base nele. Se quiser, pode especificar n_neighbors.
        "n_neighbors": 1
    }
)
print("\n=== Estimativa com Propensity Score Matching (DoWhy) ===")
print(causal_estimate_psm)
print("ATT (Propensity Score Matching) ", causal_estimate_psm.value)
# ==================================
# Comparando:
#    - efeito verdadeiro (simulado)
#    - diferença de médias ingênua
#    - PSM (ATT)
# ==================================
media_tratados = df.loc[df["home_office"] == 1, "produtividade"].mean()
media_controles = df.loc[df["home_office"] == 0, "produtividade"].mean()
diferenca_ingenua = media_tratados - media_controles
print("\n=== Comparações ===")
print(f"Efeito causal verdadeiro (simulado): {efeito_home_verdadeiro:,.2f}")
print(f"Diferença de médias ingênua (sem ajuste): {diferenca_ingenua:,.2f}")
print(f"ATT (Propensity Score Matching - DoWhy): {causal_estimate_psm.value:,.2f}")
```

No código acima, podemos ver que a função de estimar efeito agora possui argumentos diferentes. No método, foi usado "backdoor.propensity_score_matching" e mais um parâmetro que é o número de vizinhos. Já vimos que podemos usar ATE, ATC e ATT, em seções anteriores. Aqui, o número de vizinhos 1 significa que cada unidade tratada é pareada com apenas a mais próxima unidade de controle(DOWHY, 2025). Quando usamos mais do que um, reduzimos a variância, mas podemos aumentar o viés. Quando usamos 1 vizinho, minimizamos o viés, pois usa o vizinho mais próximo (logo, mais similar), contudo isso aumenta a variância da estimativa, especialmente se houve poucas unidades similares no grupo de controle. Valores muito altos são tarefas computacionalmente intensas. Se o grupo de controle for pequeno ou com poucas unidades similares, 'n_neighbors=1' é mais seguro.

```
Estimando o seguinte estimando causal:
Estimand type: EstimandType.NONPARAMETRIC_ATE

### Estimand : 1
Estimand name: backdoor
Estimand expression:
      d
      ↪
        (E[produtividade|funcao_digital,distancia_escritorio,qualidade_p
d[home_office]

 c])
Estimand assumption 1, Unconfoundedness: If U→{home_office} and
↪  U→produtividade then P(produtividade|home_office,funcao_digital,
distancia_escritorio,qualidade_pc,U) =
↪  P(produtividade|home_office,funcao_digital,
distancia_escritorio,qualidade_pc)

### Estimand : 2
Estimand name: iv
No such variable(s) found!

### Estimand : 3
Estimand name: frontdoor
No such variable(s) found!
```

```
### Estimand : 4
Estimand name: general_adjustment
Estimand expression:
      d
      ↪
        (E[produtividade|funcao_digital,distancia_escritorio,qualidade_p
d[home_office]
↪



  c])

Estimand assumption 1, Unconfoundedness: If U→{home_office} and
↪  U→produtividade then P(produtividade|home_office,funcao_digital,
distancia_escritorio,qualidade_pc,U) =
↪  P(produtividade|home_office,funcao_digital,
distancia_escritorio,qualidade_pc)


=== Estimativa com Propensity Score Matching (DoWhy) ===
*** Causal Estimate ***

## Identified estimand
Estimand type: EstimandType.NONPARAMETRIC_ATE

### Estimand : 1
Estimand name: backdoor
Estimand expression:
      d
      ↪
        (E[produtividade|funcao_digital,distancia_escritorio,qualidade_p
d[home_office]
↪



  c])

Estimand assumption 1, Unconfoundedness: If U→{home_office} and
↪  U→produtividade then P(produtividade|home_office,funcao_digital,
distancia_escritorio,qualidade_pc,U) =
↪  P(produtividade|home_office,funcao_digital,
distancia_escritorio,qualidade_pc)

## Realized estimand
b:
↪  produtividade~home_office+funcao_digital+distancia_escritorio+qualidade_pc
Target units: att
```

```
## Estimate
Mean value: 6.697113054627212

ATT (Propensity Score Matching)  6.697113054627212

=== Comparações ===
Efeito causal verdadeiro (simulado):         8.00
Diferença de médias ingênua (sem ajuste):   16.07
ATT (Propensity Score Matching - DoWhy):     6.70
```

Novamente, mensuração não paramétrica, logo, não precisa assumir normalidade dos dados, linearidade. O efeito causal do trabalho em home office na produtividade pode ser recuperado condicionando (ajustando) os confundidores "função digital", "distância do escritório" e "qualidade do computador". Por isso $\frac{\partial}{\partial home\_office} E[produtividade|funcao\_digital, distancia, qualidade\_pc]$.

Na saída abaixo, entenda que, se existir algum fator não observado U que afete tanto o home office quanto a produtividade, ele deve ser completamente capturado pelas variáveis "função digital", "distância do escritório" e "qualidade do PC". Não pode haver confundidores omitidos.

```
If U→{home_office} and U→produtividade then
P(produtividade | home_office, funcao_digital, distancia, qualidade_pc,
↪ U)
= P(produtividade | home_office, funcao_digital, distancia, qualidade_pc)
```

Depois aparece a mensagem de que não há variável que afete apenas o tratamento sem afetar o resultado (instrumento) e não há variável que media completamente o efeito home office sobre produtividade. O método ATT mede o efeito sobre quem está em home office.

O efeito causal foi de 6,697113054627212, ou seja, cerca de 6,7 pontos de produtividade para quem trabalha remotamente. Esse valor é bem próximo de 8 (o criado por nós). O DoWhy foi capaz de recuperar o valor verdadeiro. A diferença de médias ingênua foi de 16,07. O que mostra quão superestimado está do valor causal real.

Cuidado

Apesar de não ter feita a refutação para deixar o livro menos espesso e menos repetitivo, ao final, sempre deverá ser feita a refutação em todas as mensurações que fizer usando Do Why. Isso garante robustez e é parte necessária de acordo com o próprio manual.

3.3 Exemplo Prático: Reforço Escolas versus Nota Final

Agora, veremos outro exemplo. Queremos saber se ter aulas de reforço escolar (tratamento) melhora a nota final dos alunos (resultado). Alguns alunos têm mais chance de receber reforço: os mais dedicados, os que têm dificuldade, os que têm apoio da família. Calculamos o propensity score stratification (probabilidade de estar no reforço). Esse método é semelhante ao da seção anterior, só que, em vez de matching 1 a 1, divide a amostra em estratos (faixas) de e(X), por exemplo, 5 quintis. Dentro de cada estrato, assumimos que os tratados e os controles têm distribuições de X mais parecidas e comparamos as médias de Y dentro de cada estrato. Depois, ele calcula uma média ponderada dos efeitos em cada estrato.

É diferente da regressão linear, que ajusta "globalmente" por meio de coeficientes. A estratificação é mais "não-paramétrica": compara médias por faixas de propensão, sem assumir uma relação linear entre Y e X.

Traduzindo: em vez de criar pares, dividimos todos os alunos em grupos com probabilidade semelhante de entrar no reforço. Algo como:

- Grupo 1: baixa probabilidade.
- Grupo 2: média-baixa.

- Grupo 3: média.
- Grupo 4: média-alta.
- Grupo 5: alta.

Dentro de cada grupo, comparamos os alunos que fizeram reforço com os que não fizeram. Depois combinamos os resultados dos 5 grupos para obter o efeito final. É como dividir atletas em categorias de peso e comparar o desempenho de quem segue uma dieta especial com o de quem não segue — dentro de cada categoria. Você só compara lutadores de peso semelhante.

Para realizar a análise, criamos dados falsos, apenas com o propósito de demonstrar como a ferramenta funciona. Veja o código abaixo:

```
# -*- coding: utf-8 -*-
import numpy as np
import pandas as pd
from dowhy import CausalModel
# ====================================
# Modelo causal no DoWhy (reforco → nota_final)
# ====================================
causal_graph = """
digraph {
    dedicacao -> reforco;
    dedicacao -> nota_final;
    dificuldade -> reforco;
    dificuldade -> nota_final;
    apoio_familiar -> reforco;
    apoio_familiar -> nota_final;
    reforco -> nota_final;
}
"""
model = CausalModel(
```

```
    data=df,
    treatment="reforco",
    outcome="nota_final",
    graph=causal_graph
)
print("Resumo do modelo causal:")
model.view_model(layout="dot")  # use em ambiente que renderize imagens (opcional)
# ================================
# Identificação do estimando causal
# ================================
identified_estimand = model.identify_effect()
print("\nEstimando o seguinte estimando causal:")
print(identified_estimand)
# =================================
# Estimação com Propensity Score Stratification
# ================================
causal_estimate_strat = model.estimate_effect(
    identified_estimand,
    method_name="backdoor.propensity_score_stratification",
    target_units="ate",  # efeito médio na população inteira (poderia ser "att")
    method_params={
        "num_strata": 5  # 5 grupos de propensão (baixa, média-baixa, média, média-alta, alta)
    }
)
print("\n=== Estimativa com Propensity Score Stratification (DoWhy) ===")
```

```python
print(causal_estimate_strat)
print("ATE (Propensity Score Stratification) "
    , causal_estimate_strat.value)
# ==================================
# Comparações:
#     - efeito verdadeiro (simulado)
#     - diferença de médias ingênua
#     - estratificação por propensão
# ==================================
media_tratados = df.loc[df["reforco"] == 1, "
    nota_final"].mean()
media_controles = df.loc[df["reforco"] == 0, "
    nota_final"].mean()
diferenca_ingenua = media_tratados -
    media_controles
print("\n=== Comparações ===")
print(f"Efeito causal verdadeiro (simulado):
                  {efeito_reforco_verdadeiro:,.2
    f}")
print(f"Diferença de médias ingênua (sem
    ajuste):        {diferenca_ingenua:,.2f}")
print(f"ATE (Propensity Score Stratification -
     DoWhy):   {causal_estimate_strat.value:,.2
    f}")
```

As variáveis confundidoras são dedicação, dificuldade, apoio familiar, reforço. A nota final é o que queremos compreender. A saída do código acima ficou:

```
Estimando o seguinte estimando causal:
Estimand type: EstimandType.NONPARAMETRIC_ATE

### Estimand : 1
Estimand name: backdoor
Estimand expression:
    d
```

```
     (E[nota_final|apoio_familiar,dedicacao,dificuldade])
d[reforco]
Estimand assumption 1, Unconfoundedness: If U→{reforco} and U→nota_final
↪  then P(nota_final|reforco,apoio_familiar,dedicacao,dificuldade,U) =
↪  P(nota_final|reforco,apoio_familiar,dedicacao,dificuldade)

### Estimand : 2
Estimand name: iv
No such variable(s) found!

### Estimand : 3
Estimand name: frontdoor
No such variable(s) found!

### Estimand : 4
Estimand name: general_adjustment
Estimand expression:
    d
     (E[nota_final|apoio_familiar,dedicacao,dificuldade])
d[reforco]
Estimand assumption 1, Unconfoundedness: If U→{reforco} and U→nota_final
↪  then P(nota_final|reforco,apoio_familiar,dedicacao,dificuldade,U) =
↪  P(nota_final|reforco,apoio_familiar,dedicacao,dificuldade)


=== Estimativa com Propensity Score Stratification (DoWhy) ===
*** Causal Estimate ***

## Identified estimand
Estimand type: EstimandType.NONPARAMETRIC_ATE

### Estimand : 1
Estimand name: backdoor
Estimand expression:
    d
     (E[nota_final|apoio_familiar,dedicacao,dificuldade])
d[reforco]
Estimand assumption 1, Unconfoundedness: If U→{reforco} and U→nota_final
↪  then P(nota_final|reforco,apoio_familiar,dedicacao,dificuldade,U) =
↪  P(nota_final|reforco,apoio_familiar,dedicacao,dificuldade)

## Realized estimand
b: nota_final~reforco+apoio_familiar+dedicacao+dificuldade
Target units: ate

## Estimate
Mean value: 0.7351504364170838
```

```
ATE (Propensity Score Stratification)   0.7351504364170838

=== Comparações ===
Efeito causal verdadeiro (simulado):               1.50
Diferença de médias ingênua (sem ajuste):          0.85
ATE (Propensity Score Stratification - DoWhy):     0.74
```

É uma medição não paramétrica, a estimativa foi puramente baseada em ajuste por confundidores. O efeito causal do reforço escolar na nota final pode ser identificado condicionando para três confundidores: apoio familiar, dedicação e dificuldade acadêmica. O estimado é $\frac{\partial}{\partial T} E[Y|X]$, onde T é o reforço, Y é a nota final e o X apoio familiar, dedicação e dificuldade. Elas bloqueiam os caminhos de confusão. A ignorabilidade condicional (unconfoundedness) é entendida como se existir algum fator oculto que afete simultaneamente o reforço e a nota final, ele deve estar completamente capturado por dedicação, dificuldade e apoio familiar. Fora isso, não pode haver confundidores omitidos, conforme a saída abaixo e a imagem 3.2:

```
If U→reforco and U→nota_final then
P(nota_final | reforco, apoio_familiar, dedicacao, dificuldade, U)
= P(nota_final | reforco, apoio_familiar, dedicacao, dificuldade)
```

A parte que tem "No such variable(s) found!" significa que não existe variável que afete o tratamento sem afetar o resultado e não existe mediador explícito que permita o critério frontdoor. Portanto, só o backdoor funciona.

O efeito causal estimado foi de aproximadamente 1,50 ponto de nota final, em média, para toda a população de alunos, enquanto que a diferença de médias ingênua (sem ajuste) é 0,85. O propensity score stratification foi de 0,74. Ele ajusta parte do viés, mas existe sobreposição imperfeita, os estratos podem ficar desbalanceados dentro dos grupos e a estimativa pode não atingir exatamente 1,50. Assim, o efeito causal do propensity score stratification recupera uma estimativa mais próxima do efeito causal do que a média ingênua. Ambas estão longe do 1,5, mas

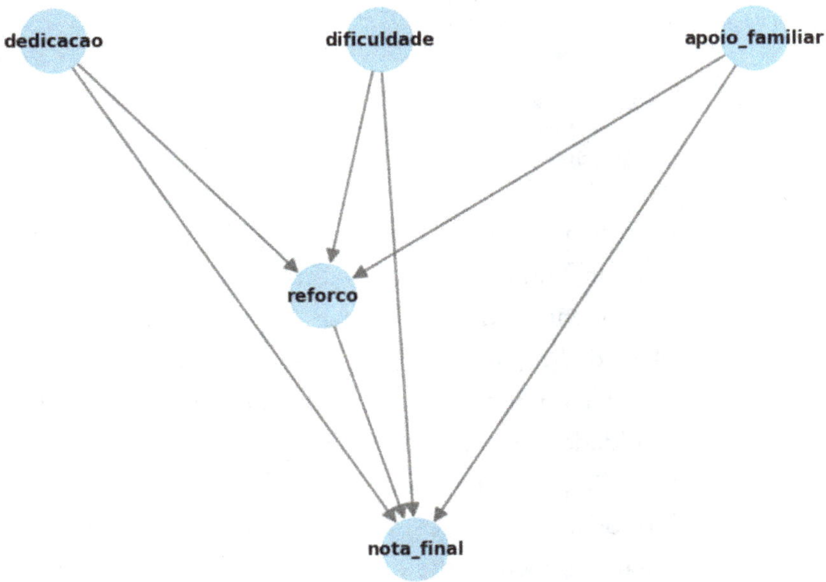

Figura 3.2: Grafo Causal de Aula de Reforço e Nota Final

a estratificação está mais limpa causalmente (mesmo que não seja perfeita, porque estamos usando dados ruidosos).

Cuidado

Apesar de não ter feita a refutação para deixar o livro menos espesso e menos repetitivo, ao final, sempre deverá ser feita a refutação em todas as mensurações que fizer usando Do Why. Isso garante robustez e é parte necessária de acordo com o próprio manual.

3.4 Exemplo prático: Participar programa de saúde preventiva versus número de dias de afastamento

Agora, veremos outro exemplo de métrica não paramétrica, o denominado Propensity Score Weighting (IPW). Ele também é um tipo de propensity score. Ele estima o propensity score e(X) e, em seguida, cria pesos inversos à probabilidade de tratamento. Por exemplo, para tratados, o peso é aproximadamente 1 / e(X). Para controles, o peso é aproximadamente 1 / (1 - e(X))(DOWHY, 2025). A ideia seria reponderar a amostra de tal forma que, no "pseudo-experimento", T parece sorteado (independente de X). Depois, compara a média ponderada de Y dos tratados com a dos controles. Esse método difere da regressão linear porque, em vez de adicionar X como covariável, ele "arruma" o desenho da amostra por meio de pesos e, depois, compara as médias. Se você fizer uma regressão ponderada pelos pesos IPW, acaba chegando muito próximo da mesma resposta, mas o foco é o reweighting, não a forma funcional.

Imagine que você quer saber se um tipo específico de fertilizante aumenta o crescimento das plantas, mas, por acaso, algumas plantas receberam fertilizante e outras não. Você usa pesos para "compensar" essa bagunça: plantas que tinham pouca chance de receber o fertilizante, mas receberam, ganham peso extra. No final, a horta fica parecida com um experimento randomizado artificial.

Como exemplo, queremos saber se participar de um programa de saúde preventiva (tratamento) reduz o número de dias de afastamento do trabalho (resultado). Pessoas mais preocupadas com a saúde são mais propensas a participar. Os dados são criados artificialmente, apenas para demonstrar como a ferramenta funciona. Neste exemplo, em específico, cada pessoa recebe um peso inversamente proporcional à sua probabilidade de estar no grupo em que ela está. Pessoas com alta probabilidade de participar do programa recebem um peso menor. Pessoas com baixa probabilidade recebiam um peso maior. O objetivo é construir uma população artificial em que o tratamento parece ter sido sorteado aleatoriamente. Depois comparamos as médias ponderadas dos dois grupos. O resultado é interpretado como um efeito causal do programa.

s variáveis confundidoras nesse caso serão consciência da saúde, riscos no trabalho, idade. As variáveis-alvo são dias adastados e a variável de tratamento é participar de um programa de saúde preventiva. Isso pode ser feito com o código abaixo:

```
# -*- coding: utf-8 -*-
import numpy as np
import pandas as pd
from dowhy import CausalModel
# ==============================
# Modelo causal no DoWhy (programa_saude →
    dias_afastado)
# ==============================
causal_graph = """
digraph {
    consciencia_saude -> programa_saude;
    consciencia_saude -> dias_afastado;
    risco_trabalho -> programa_saude;
    risco_trabalho -> dias_afastado;
    idade -> programa_saude;
    idade -> dias_afastado;
    programa_saude -> dias_afastado;
}
"""
model = CausalModel(
    data=df,
    treatment="programa_saude",
    outcome="dias_afastado",
```

```
    graph=causal_graph
)
print("Resumo do modelo causal:")
model.view_model(layout="dot")  # opcional em ambiente com renderização
# ================================
# Identificação do estimando causal
# ================================
identified_estimand = model.identify_effect()
print("\nEstimando o seguinte estimando causal:")
print(identified_estimand)
# ================================
# Estimação com Propensity Score Weighting (IPW)
# ================================
causal_estimate_ipw = model.estimate_effect(
    identified_estimand,
    method_name="backdoor.propensity_score_weighting",
    target_units="ate",  # efeito médio na população
    method_params={
        "weighting_scheme": "ips_weight"  # Inverse Probability of Selection
    }
)
print("\n=== Estimativa com Propensity Score Weighting (DoWhy)")
print(causal_estimate_ipw)
print("ATE (IPW) ", causal_estimate_ipw.value)

# ================================
```

```python
# Comparações:
#    - efeito verdadeiro (simulado)
#    - diferença de médias ingênua (sem pesos)
#    - IPW (ATE)
# ================================
media_tratados = df.loc[df["programa_saude"] == 1, "dias_afastado"].mean()
media_controles = df.loc[df["programa_saude"] == 0, "dias_afastado"].mean()
diferenca_ingenua = media_tratados - media_controles  # deve ser menos negativa que o verdadeiro
print("\n=== Comparações ===")
print(f"Efeito causal verdadeiro (simulado):         {efeito_programa_verdadeiro:,.2f} (dias)")
print(f"Diferença de médias ingênua (sem ajuste):      {diferenca_ingenua:,.2f} (dias)")
print(f"ATE (Propensity Score Weighting - DoWhy/IPW):   {causal_estimate_ipw.value:,.2f} (dias)")
```

A saída do código acima está aqui embaixo para análise e interpretação:

```
Estimando o seguinte estimando causal:
Estimand type: EstimandType.NONPARAMETRIC_ATE

### Estimand : 1
Estimand name: backdoor
Estimand expression:
         d
           (E[dias_afastado|consciencia_saude,idade,risco_trabalho])
d[programa_saude]
```

```
Estimand assumption 1, Unconfoundedness: If U→{programa_saude} and
↪ U→dias_afastado then
↪ P(dias_afastado|programa_saude,consciencia_saude,idade,risco_trabalho,U)
↪ =
↪ P(dias_afastado|programa_saude,consciencia_saude,idade,risco_trabalho)

### Estimand : 2
Estimand name: iv
No such variable(s) found!

### Estimand : 3
Estimand name: frontdoor
No such variable(s) found!

### Estimand : 4
Estimand name: general_adjustment
Estimand expression:
        d
         (E[dias_afastado|consciencia_saude,idade,risco_trabalho])
d[programa_saude]
Estimand assumption 1, Unconfoundedness: If U→{programa_saude} and
↪ U→dias_afastado then
↪ P(dias_afastado|programa_saude,consciencia_saude,idade,risco_trabalho,U)
↪ =
↪ P(dias_afastado|programa_saude,consciencia_saude,idade,risco_trabalho)


=== Estimativa com Propensity Score Weighting (DoWhy) ===
*** Causal Estimate ***

## Identified estimand
Estimand type: EstimandType.NONPARAMETRIC_ATE

### Estimand : 1
Estimand name: backdoor
Estimand expression:
        d
         (E[dias_afastado|consciencia_saude,idade,risco_trabalho])
d[programa_saude]
Estimand assumption 1, Unconfoundedness: If U→{programa_saude} and
↪ U→dias_afastado then
↪ P(dias_afastado|programa_saude,consciencia_saude,idade,risco_trabalho,U)
↪ =
↪ P(dias_afastado|programa_saude,consciencia_saude,idade,risco_trabalho)

## Realized estimand
b: dias_afastado~programa_saude+consciencia_saude+idade+risco_trabalho
```

```
Target units: ate

## Estimate
Mean value: -2.474702852856865

ATE (IPW)   -2.474702852856865

=== Comparações ===
Efeito causal verdadeiro (simulado):              -3.00 (dias)
Diferença de médias ingênua (sem ajuste):         -1.98 (dias)
ATE (Propensity Score Weighting - DoWhy/IPW):     -2.47 (dias)
```

Na primeira linha, vimos que o método é não paramétrico, ou seja, não depende de uma relação funcional linear entre as variáveis e não requer distribuição normal. O efeito foi calculado exclusivamente com base no ajuste por confundidores.

O efeito causal do programa de saúde sobre os dias afastados pode ser identificado ajustando para três confundidores consciência em saúde, idade e risco do trabalho, conforme imagem 3.3. Esses três bloqueiam todos os caminhos de confusão entre tratamento e resultado.

O estimado é $\frac{\partial}{\partial T}E[Y|X]$, onde T é o programa de saúde, Y são os dias afastados e o X consciência de saúde, idade e risco do trabalho.

Não pode existir um confundidor não observado que afete simultaneamente o tratamento e o resultado, e que não esteja capturado pelas variáveis observadas, ou seja, consciencia_saude, idade e risco_trabalho devem capturar os principais vieses. Isso pode ser visto na parte:

```
If U→programa_saude and U→dias_afastado then
P(dias_afastado | programa_saude, consciencia_saude, idade,
↪ risco_trabalho, U)
= P(dias_afastado | programa_saude, consciencia_saude, idade,
↪ risco_trabalho)
```

Não há instrumento (nada afeta, apenas o tratamento, sem afetar o resultado), pois saiu "iv →No such variable(s) found", e não há mediador que receba todo o efeito do tratamento, pois saiu

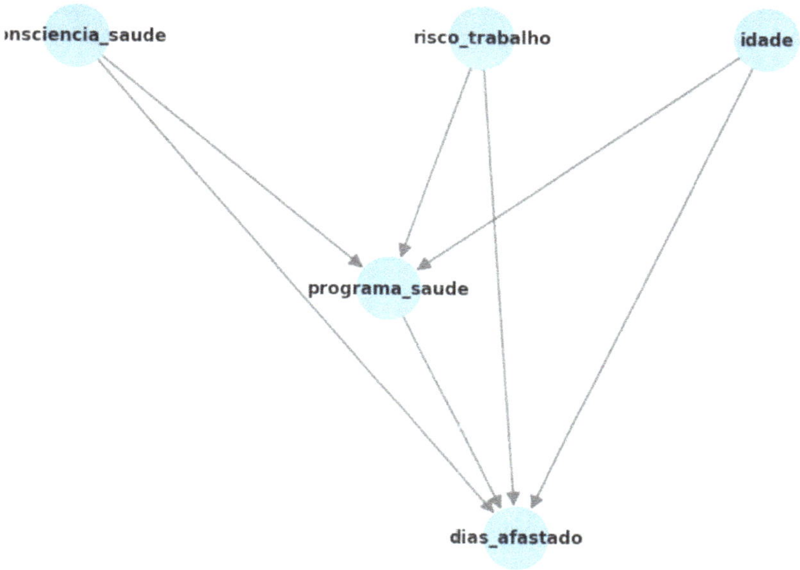

Figura 3.3: Grafo Causal de Programa Preventivo e Afastamento

"$frontdoor$ →No such variable(s) found". Portanto, apenas o backdoor se aplica — como esperado.

O resultado estimado pelo IPW é -2,47470285285865, ou seja, participar do programa reduz, em média, 2,47 dias de afastamento por ano. Este é o efeito causal estimado. A diferença ingênua deu -1,98 dias. Subestimou, porque provavelmente quem se inscreve no programa têm maior consciência de saúde (tendem a faltar menos independentemente do programa) e maior risco de trabalho (tendem a faltar mais), então os efeitos se misturam. O efeito verdadeiro é 3. O IPW se aproximou muito, porque equilibra as distribuições de confundidores entre os tratados e controle. Após o balanceamento, os grupos ficam comparáveis como se estivessem em um experimento quase randomizado.

> **Cuidado**
>
> *Apesar de não ter feita a refutação para deixar o livro menos espesso e menos repetitivo, ao final, sempre deverá ser feita a refutação em todas as mensurações que fizer usando DoWhy. Isso garante robustez e é parte necessária de acordo com o próprio manual.*

Exemplo Simulado e Análise Tradicional

Vamos simular um cenário: dois grupos de lojas (Grupo A = tratado, Grupo B = controle). O resultado Y poderia ser vendas. Ambos os grupos têm uma tendência de crescimento similar antes do evento. Em $t = 0$, o Grupo A implementa uma nova estratégia (por exemplo, uma campanha ou mudança operacional), enquanto o Grupo B não muda nada. Queremos ver o efeito disso nas vendas.

Para simplicidade, definimos que ambos os grupos tinham vendas média de 100 unidades em $t = 0$, crescendo linearmente com uma taxa de +2 unidades por período. Introduzimos um efeito causal de +10 unidades no Grupo A após $t = 0$. Geramos dados de $t = -5$ até $t = 5$. Além disso, adicionamos um pequeno ruído aleatório às observações.

Listing 3.1: Simulação de dados de painel para um estudo de eventos (diferenças-em-diferenças).

```python
import numpy as np
import pandas as pd
np.random.seed(0)

periodos = np.arange(-5, 6) # t = -5, -4, ..., 0, ..., +5
dados = []
for t in periodos:
# Grupo controle (B):
```

```python
base = 100 + 2t # tendência linear
y_controle = base + np.random.normal(0, 1) #
    adicionar ruído
dados.append({"grupo": "B", "tempo": t, "Y":
    y_controle})
# Grupo tratado (A):
base = 100 + 2t
if t >= 0:
base += 10 # efeito do evento após t=0
y_tratado = base + np.random.normal(0, 1)
dados.append({"grupo": "A", "tempo": t, "Y":
    y_tratado})
df_evento = pd.DataFrame(dados)
```

Podemos visualizar a trajetória média de Y em cada grupo:

A análise tradicional de diferenças-em-diferenças poderia ser feita rodando a regressão mencionada. Vamos fazer isso e verificar o coeficiente estimado:

Listing 3.2: Regressão Diferenças-em-Diferenças no exemplo simulado.

```python
import statsmodels.formula.api as smf

Criar dummies Tratado, PosEvento e interação:

df_evento["Tratado"] = (df_evento["grupo"] ==
    "A").astype(int)
df_evento["PosEvento"] = (df_evento["tempo"]
    >= 0).astype(int)
df_evento["Tratado_x_Pos"] = df_evento["
    Tratado"] * df_evento["PosEvento"]

Ajustar o modelo OLS:

```

```python
resultado_did = smf.ols("Y ~ Tratado +
    PosEvento + Tratado_x_Pos", data=df_evento)
    .fit()
print(resultado_did.params)
```

Os coeficientes esperados: β_{Tratado} próximo de 0 (nossas séries foram iguais em nível base, salvo ruído), $\beta_{\text{PosEvento}} \approx 2$ (ambos os grupos cresceram 2 unidades no período pós vs pré, por conta da tendência temporal), e $\beta_{\text{Tratado} \times \text{PosEvento}} \approx 10$ (o diferencial causado pelo evento). De fato, na simulação obtivemos uma estimativa de ~ 10.6 para a interação, próximo do verdadeiro 10.

Assim, o método tradicional nos recuperou o efeito causal. Além disso, poderíamos plotar os coeficientes de evento (como mencionado, estimando dummies para cada t relativo). Não o faremos aqui pela extensão, mas geralmente se veria coeficientes perto de zero nos períodos -5 a -1 (sem efeito antes da intervenção) e valores próximos de 10 nos períodos 0 a 5 para o grupo tratado em excesso ao controle.

Análise Causal Usando DoWhy

Como podemos replicar essa inferência no DoWhy? Precisamos montar o problema de forma causal:

O "tratamento" aqui pode ser visto como a própria ocorrência do evento para o grupo tratado após $t = 0$. Em nosso conjunto de dados, isso corresponde à variável Tratado_x_Pos (pois somente quando ambos Tratado=1 e Pós=1 temos o tratamento efetivo ativo).

Os confundidores a ajustar incluem tudo que possa afetar tanto o tratamento quanto o resultado. Observe que Tratado (o pertencimento ao grupo A ou B) influencia a probabilidade de receber o tratamento (grupo A inevitavelmente recebe em $t \geq 0$, grupo B não) e também pode haver diferença média de Y entre grupos independente do tratamento (nesse caso simulamos igual base, mas em geral é possível).

PosEvento (o tempo) também influencia o tratamento (só após certo tempo se pode receber) e obviamente influencia Y (tendência temporal). Portanto, Tratado e PosEvento são confundidores do efeito de Tratado_x_Pos sobre Y. Eles precisam ser incluídos no ajuste.

Nos termos de um grafo causal, teríamos:

Uma aresta de Tratado → Y (permitindo diferentes níveis base entre grupos).

Uma aresta de PosEvento → Y (tendências temporais gerais).

Tratado e PosEvento ambos causam Tratado_x_Pos (pois o tratamento efetivo acontece só se for grupo tratado e período pós).

E Tratado_x_Pos causa Y (efeito do evento). Esse grafo mostra que Tratado e PosEvento são causas tanto de Tratado_x_Pos (tratamento efetivo) quanto de Y – exatamente a situação de confundimento clássico, que a regressão DiD lida controlando por ambos.

No DoWhy, configuramos assim:

Listing 3.3: Modelo causal para o estudo de evento (diferenças-em-diferenças) no DoWhy.

```
from dowhy import CausalModel

Construir variável de tratamento efetivo (evento aplicado ou não)

df_evento["EventoAplicado"] = df_evento["Tratado_x_Pos"]

modelo_evento = CausalModel(data=df_evento,
treatment="EventoAplicado",
outcome="Y",
common_causes=["Tratado", "PosEvento"])
estimando_evento = modelo_evento.identify_effect()
```

```
print(estimando_evento)
```

Deverá indicar que vai ajustar por Tratado e PosEvento (nosso backdoor set). Agora estimamos:

```
estimativa_evento = modelo_evento.
    estimate_effect(estimando_evento,
    method_name="backdoor.linear_regression")
print("Estimativa DoWhy do efeito do evento:",
     estimativa_evento.value)
```

O valor deve sair próximo de 10 (no nosso caso $\approx$ 10.6). Essencialmente, o DoWhy realizou a mesma regressão de diferenças-em-diferenças internamente. Nós explicitamos para ele que precisava controlar aquelas variáveis, e o coeficiente do tratamento (EventoAplicado) veio igual ao β_3 da interação na regressão manual.

Assim, conseguimos reproduzir o estudo de evento via DoWhy. Poderíamos até usar os refutadores para verificar suposições: por exemplo, um teste placebo poderia envolver designar um falso momento de evento anterior a $t = 0$ e ver se encontra efeito (espera-se que não, se as tendências paralelas seguram). O DoWhy não faz isso automaticamente, mas poderíamos manualmente criar uma coluna de tratamento falso em outra execução e ver o que sai (deveria dar 0). Além disso, poderíamos usar `refute\_estimate` para adicionar uma causa comum aleatória e checar robustez (provavelmente pouco efeito sobre estimativa, já que dados são limpos).

Vantagens e Limitações: DoWhy vs. Método Clássico

Vantagens de usar DoWhy no contexto de estudos de eventos:

Clareza de suposições causais: O DoWhy força a formalização do problema em termos de causas e efeitos e dos possíveis confundidores. No método clássico, muitas vezes fala-se em "assunção de tendências paralelas", mas no DoWhy descrevemos isso como "não há algum outro fator divergente influenciando diferentemente os grupos ao longo do tempo". Representar o grafo causal ajuda a pensar em que condições essa assunção se sustentaria (e.g. ambos grupos sendo afetados igualmente por qualquer outra coisa no período, etc.).

Pipeline unificado: Se já se está usando DoWhy em outros contextos, analisar um diff-in-diff no mesmo framework mantém consistência. Podemos aproveitar funções de refutação do DoWhy que complementam os testes tradicionais (por exemplo, o placebo já citado).

Extensibilidade: Podemos facilmente acrescentar mais variáveis ao modelo (por exemplo, características das unidades) como covariáveis adicionais sem sair do contexto. O DoWhy cuidará de ajustar e escolher o método adequado.

Menor chance de erro na modelagem estatística: Ao especificar common_causes=["Tratado","PosEvento"] e usar `estimate\_effect`, garantimos que o modelo inclua corretamente esses termos. No método clássico, o analista deve lembrar de inserir todas as dummies e interações certas; embora trivial nesse exemplo, em cenários complexos com múltiplos grupos e tempos, montar modelos pode ser mais sujeito a engano.

Limitações e considerações:

Não substitui validações específicas de séries temporais: Estudos de eventos geralmente exigem verificar visualmente ou estatisticamente a premissa de tendências paralelas (por exemplo, através daqueles coeficientes pré-evento ou testes de Chow). O DoWhy em si não automatiza isso. Cabe ao analista ainda inspecionar se antes do evento as séries eram comparáveis. O DoWhy fornece testes de refutação genéricos, mas não um teste direcionado de tendência paralela - esse continua sendo um diagnóstico manual.

Dinâmica temporal simplificada: A estrutura do DoWhy que usamos tratou o efeito como um único "choque" permanente (a dummy de evento). Para analisar efeitos variantes no tempo (como "efeito no primeiro mês, no segundo mês, etc."), teríamos que criar diferentes variáveis de tratamento (por exemplo, EventoAplicado_t1, EventoAplicado_t2, etc.) e estimar separadamente, ou rodar modelos passo a passo. O método clássico de interação com dummies de cada período é mais direto para isso. Ou seja, o DoWhy foca na estimativa média do efeito causal (ATE) do tratamento, não fornecendo automaticamente um gráfico de efeitos ao longo do tempo.

Curva de aprendizado e configuração adicional: Para alguém já familiarizado com diff-in-diff, usar DoWhy aqui adiciona camadas de código e abstração que podem parecer desnecessárias. Em contrapartida, para alguém já usando DoWhy em outros contextos, é um pequeno esforço extra integrá-lo.

Em resumo, o método clássico de estudo de eventos continua valioso e necessário, especialmente para explorar a evolução temporal do efeito e checar suposições visuais. O DoWhy, porém, enquadra o problema dentro de um contexto causal explícito, provendo ferramentas para fortalecer a análise (como refutações) e reduzindo riscos de interpretações incorretas. Os dois abordagens não são excludentes: podem ser usadas em conjunto para uma análise mais completa.

Capítulo 4

Fio 3: Avançado - Técnicas Complexas (Mediadores, Caminhos Diretos/Indiretos) e GCM do DoWhy

Este nível leva você além do básico do ajuste por backdoor e dos ATEs homogêneos e heterogêneos. Agora entramos no terreno onde a causalidade revela sua estrutura fina: os caminhos, os intermediários, as interações, as diferenças entre pessoas, e até situações onde a identificação exige criatividade.

O DoWhy oferece ferramentas diretas para executar essas análises, com base na literatura clássica da causalidade. Abaixo, veremos cada técnica com suas respectivas explicações.

4.1 Por que caminhos importam?

Imagine que você quer saber se educação causa renda. A resposta óbvia parece ser sim, mas como? Há pelo menos dois caminhos no DAG (directed acyclic graph):

- Educação $\rightarrow$ Profissão $\rightarrow$ Renda (mediada pela profissão).
- Educação $\rightarrow$ Renda (efeito direto: habilidades, networking, soft skills).

O efeito total mistura os dois, mas políticas públicas precisam saber se investir em educação aumenta a renda, porque eleva a escolaridade formal ou porque as pessoas entram em profissões melhores? Ou devido aos efeitos diretos (produtividade)?

Você está entrando agora no campo do que é chamado de mediação. A mediação é um mecanismo causal no qual o efeito de uma variável independente (X) sobre uma variável dependente (Y) é transmitido por meio de uma terceira variável intermediária, conhecida como mediadora (M)(PEARL; MACKENZIE, 2018; PEARL, 2009b; BARON; KENNY, 1986). É a decomposição causal. Baron e Kenny (1986)(BARON; KENNY, 1986), definiam o mediador como uma variável que explica como e por que uma variável independente afetava uma variável dependente. Imagine algo como X influenciando M, que, por sua vez, influencia Y. Indiretamente, o X influencia Y:$X \rightarrow M \rightarrow Y$. X seria a variável de tratamento ou exposição, M seria a variável mediadora e Y seria a variável de resultado.

De acordo com os autores, seria algo como:

- **Modelo 1(BARON; KENNY, 1986):** O tratamento (X) afeta o resultado (Y). Seria o que vimos em capítulos anteriores. Isso é o efeito total: $Y = \beta 0 + cX + \epsilon 1$.

- **Modelo 2(BARON; KENNY, 1986):** O tratamento (X) afeta o mediador (M): $M = \alpha 0 + aX + \epsilon 2$.

- **Modelo 3(BARON; KENNY, 1986):** O tratamento (X) e o mediador (M) afetam o resultado (Y). O efeito direto, c' e efeito o indireto, ab):$Y + \beta 1 + c'X + bM + \epsilon 3$.

O efeito indireto acima ou mediação é dado pelo produto ab e o efeito total é a soma do efeito direto e indireto:c=c'+ab. Os pressupostos para mediação são:

- A variável independente deve aparecer antes que o mediador na linha do tempo e o mediador deve aparecer antes da variável dependente na linha do tempo (COLE; MAXWELL, 2003). Entenda como se o mediador não acontece depois da causa e antes do efeito, ele não pode mediar nada.

- Não pode haver confusão entre as variáveis confundidoras que afetem tanto o mediador quanto o resultado ou o tratamento e o mediador(VANDERWEELE, 2015).É como tentar descobrir o quanto do sabor vem do bolo e o quanto do sabor vem da cobertura, mas alguém colocou açúcar extra dentro da cobertura e também no bolo, e ninguém te contou. Você nunca saberá quem é responsável pelo sabor final.

- O mediador deve ser a única forma pela qual o tratamento afeta o resultado (MACKINNON; FAIRCHILD; FRITZ, 2007). Se isso não for possível, deve representar a maior parte dessa força (MACKINNON; FAIRCHILD; FRITZ, 2007).

Dentro do framework contrafactual, os efeitos de mediação são determinados ao comparar resultados potenciais sob diferentes níveis de tratamento, mantendo o mediador no valor que ele teria sob um tratamento específico. Essa abordagem possibilita identificar efeitos causais naturais, tanto diretos quanto indiretos (IMAI; KEELE; YAMAMOTO, 2010).

É importante diferenciar mediação de moderação. Na mediação, ocorre $X \rightarrow M \rightarrow Y$, enquanto, na moderação, há heterogeneidade do efeito (o efeito de X em Y depende de Z). A moderação não está no caminho causal, ela está moldando a força desse caminho. Por exemplo, o exercício (X) melhora a saúde (Y). Ele faz isso por meio da perda de peso (M). Logo, exercício $\rightarrow$ perda de peso $\rightarrow$ melhor saúde. Isso é mediação, uma engrenagem interna do processo causal que muda depois de X e antes de Y. A moderação muda o tamanho do efeito, mas não é uma engrenagem do mecanismo. No exemplo dado de exercício, a moderação seria que pessoas mais velhas (Z=idade) teriam maiores benefícios com o exercício.

Dica

Se eu desligar essa variável, o efeito de X em Y deixa de existir?
Se sim, é mediação (o mecanismo desaparece sem o mediador).
Se não, é moderação (o mecanismo existe, só fica mais forte ou fraco).

No capítulo 2, na seção 2.4, foi estudada a moderação por meio de efeitos heterogêneos, com o uso de CATE por hora, CATE por dia da semana e CATE por número de anúncios como exemplos. Agora, o foco será a mediação.

Efeitos diretos e indiretos são sempre conceitos de mediação, nunca de moderação. A moderação não é decomposição; logo, não há efeito direto ou indireto; não há caminho intermediário; só há efeitos maiores ou menores dependendo de Z.

Tipos de efeitos:

- Efeito Total (TE); $TE = NDE + NIE$.
- Efeito Direto Natural (NDE);
- Efeito Indireto Natural (NIE).

O DoWhy implementa essas decomposições.

4.2 Quando a mediação é identificável?

Segundo Pearl (2009)(PEARL, 2009a) e VanderWeele (2015)(VANDERWEELE, 2015), não pode haver confundidores não observados entre M e Y, precisamos observar as variáveis que influenciam simultaneamente X e M, precisamos observar as variáveis que influenciam simultaneamente M e Y. Se esse conjunto existir, então o mediador é identificável e o frontdoor funciona.

Exemplo real: Existe o PIB (Produto Interno Bruto), que influencia a qualidade de vida com mediação por Investimentos Sociais (M):

- X = PIB estadual;
- M = Investimentos em educação, saúde e infraestrutura;
- Y = Índices sociais (IDH, Gini, Segurança, Satisfação).

Você estima o quanto do impacto do PIB ocorre diretamente (riqueza gera qualidade de vida) e o quanto ocorre indiretamente via investimentos.

A formulação matemática é:

- **Efeito Direto Natural (NDE)**: É o que aconteceria se o tratamento mudasse (X=1), mas o mediador fosse mantido em estado do grupo controle(PEARL, 2022): $NDE = E[Y(X = 1, m(0))] - E[Y(x = 0, m(0))]$.

- **Efeito** Indireto Natural (NIE): É o efeito da mudança do mediador causada pelo tratamento, mantendo X fixo(PEARL, 2022): $NIE = E[Y(x = 1, m(1))] - E[Y(x = 0, m(0))]$.
- **Decomposição:** $Total = NDE + NIE$.

4.3 Exemplo Prático: PIB com Investimentos Sociais Causam Qualidade de Vida

Para uma maior compreensão dos efeitos totais (já apurados nos capítulos anteriores), efeitos diretos e indiretos, um estudo de caso será feito. Imagine o país, com crescimento econômico e governança, gerando maior qualidade de vida por meio de investimentos sociais. Nesse cenário, gostaríamos de estudar se o crescimento econômico por si só significa qualidade de vida ou se existem outros fatores nessa equação.

Os dados utilizados aqui são falsos e foram gerados exclusivamente para demonstrar o uso da ferramenta. Para estudar a causalidade desse fenômeno, criamos um modelo causal em que a governança atua diretamente sobre investimentos sociais, qualidade de vida e o próprio PIB. O PIB e os investimentos sociais também atuam diretamente sobre a qualidade de vida. PIB atua indiretamente (por meio de investimentos sociais, como mediador), e a governança atua indiretamente por meio do PIB e dos investimentos sociais, conforme imagem 4.1.

O código utilizado para fazer essa análise está aqui embaixo:

```
# -*- coding: utf-8 -*-
"""
Exemplo de mediação com DoWhy (dados fake)
Cenário: PIB -> Investimentos Sociais ->
    Qualidade de Vida
```

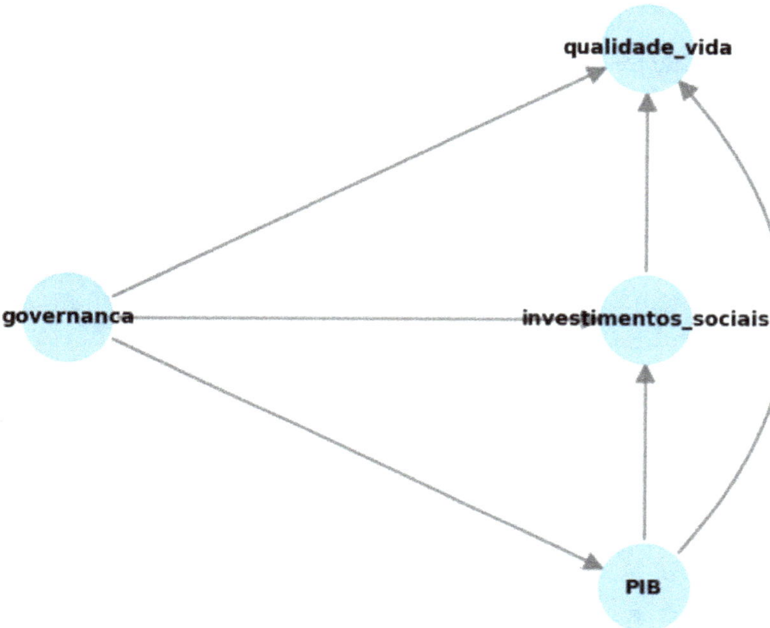

Figura 4.1: Modelo Causal PIB e Qualidade de Vida

```

X = PIB (riqueza do estado)
M = Investimentos Sociais (educação, saúde,
    saneamento)
Y = Qualidade de Vida (IDH, indicadores
    sociais agregados)

Queremos:
- NDE: efeito direto do PIB em Qualidade de
    Vida
- NIE: efeito indireto via Investimentos
    Sociais
"""
```

```python

import numpy as np
import pandas as pd
import warnings

warnings.filterwarnings("ignore")

from dowhy import CausalModel
import dowhy.causal_estimators.linear_regression_estimator as lre

# ==============================
# 1. SIMULAÇÃO DOS DADOS
# ==============================

np.random.seed(42)
n = 2000  # número de "estados-anos" simulados

# Confundidor observado: "governança/eficiência do estado"
governanca = np.random.normal(loc=0, scale=1, size=n)

# PIB (X): afetado por governança + ruído
# Pense PIB aqui em escala log-normal/normal só pra simular
PIB = 100 + 20 * governanca + np.random.normal(0, 10, size=n)

# Investimentos Sociais (M): afetados por PIB e governança
# Interpretação: estados mais ricos e melhor governados investem mais
```

```
investimentos_sociais = (
    0.5 * PIB +        # efeito do PIB nos investimentos
    15 * governanca +  # efeito da governança nos investimentos
    np.random.normal(0, 20, size=n)
)

# Qualidade de Vida (Y): afetada por PIB (direto), investimentos (mediado) e governança
# Interpretação:
# - PIB melhora qualidade de vida (por mecanismos não capturados em M)
# - Investimentos melhoram qualidade de vida (mecanismo mediado)
# - Governança também tem efeito próprio
qualidade_vida_latente = (
    0.2 * PIB +                    # efeito direto do PIB
    0.6 * investimentos_sociais +  # efeito indireto via investimentos
    10 * governanca +              # efeito direto da governança
    np.random.normal(0, 30, size=n)
)

# Opcional: jogar Y numa escala tipo "índice"
# Aqui só normalizamos pra algo tipo -0100
qualidade_vida = 50 + (qualidade_vida_latente - qualidade_vida_latente.mean()) / qualidade_vida_latente.std() * 10

```

```
# Monta DataFrame
df = pd.DataFrame({
    "PIB": PIB,
    "investimentos_sociais": investimentos_sociais,
    "qualidade_vida": qualidade_vida,
    "governanca": governanca,
})

print("Prévia dos dados simulados:")
print(df.head())

# ================================
# 2. DEFINIÇÃO DO GRAFO CAUSAL
# ================================

# Grafo DAG em formato DOT
# Estrutura:
# governanca -> PIB
# governanca -> investimentos_sociais
# governanca -> qualidade_vida
# PIB -> investimentos_sociais -> qualidade_vida
# PIB -> qualidade_vida (efeito direto)
causal_graph = r"""
digraph {
    governanca -> PIB;
    governanca -> investimentos_sociais;
    governanca -> qualidade_vida;

    PIB -> investimentos_sociais;
    investimentos_sociais -> qualidade_vida;
    PIB -> qualidade_vida;
```

```
}
"""

# ==============================
# 3. CONSTRUÇÃO DO MODELO DOWHY
# ==============================

model = CausalModel(
    data=df,
    treatment="PIB",
    outcome="qualidade_vida",
    common_causes=["governanca"],
    graph=causal_graph
)

print("\n=== Modelo Causal ===")
model.view_model()  # salva um PNG se estiver
    em notebook / ambiente gráfico

# ==============================
# 4. EFEITO TOTAL (ATE) COMO REFERÊNCIA
# ==============================

identified_ate = model.identify_effect()
ate_estimate = model.estimate_effect(
    identified_ate,
    method_name="backdoor.linear_regression",
    confidence_intervals=True,
    test_significance=True,
)

print("\n=== Efeito Total (ATE) de PIB sobre
    Qualidade de Vida ===")
```

```
print(ate_estimate)
print("ATE (coeficiente):", ate_estimate.value
    )
print("IC 95%:", ate_estimate.estimator.
    _confidence_intervals)
print("p-valor:", ate_estimate.estimator.
    _significance_test)

# ============================
# 5. MEDIAÇÃO: NDE e NIE
#    Natural Direct Effect (NDE)
#    Natural Indirect Effect (NIE)
# ============================

# 5.1 Identificar o NIE (efeito indireto via M
    )
identified_nie = model.identify_effect(
    estimand_type="nonparametric-nie",  #
        natural indirect effect
    proceed_when_unidentifiable=True
)

print("\n=== Estimando NIE (Natural Indirect
    Effect) ===")
print(identified_nie)

nie_estimate = model.estimate_effect(
    identified_nie,
    method_name="mediation.
        two_stage_regression",
    confidence_intervals=False,
    test_significance=False,
    method_params={
```

```
        # primeiro estágio: X -> M
        "first_stage_model": lre.LinearRegressionEstimator,
        # segundo estágio: (X, M) -> Y
        "second_stage_model": lre.LinearRegressionEstimator,
    }
)

print("\nNIE estimado (efeito indireto via investimentos_sociais):")
print(nie_estimate)
print("NIE (valor numérico):", nie_estimate.value)

# 5.2 Identificar o NDE (efeito direto, mantendo mediador no nível de controle)
identified_nde = model.identify_effect(
    estimand_type="nonparametric-nde",  # natural direct effect
    proceed_when_unidentifiable=True
)

print("\n=== Estimando NDE (Natural Direct Effect) ===")
print(identified_nde)

nde_estimate = model.estimate_effect(
    identified_nde,
    method_name="mediation.two_stage_regression",
    confidence_intervals=False,
    test_significance=False,
```

```
175        method_params={
176            "first_stage_model": lre.
                   LinearRegressionEstimator,
177            "second_stage_model": lre.
                   LinearRegressionEstimator,
178        }
179    )
180
181    print("\nNDE estimado (efeito direto de PIB
           sobre Qualidade de Vida):")
182    print(nde_estimate)
183    print("NDE (valor numérico):", nde_estimate.
           value)
184
185    # ============================
186    # 6. CHECAGEM DE DECOMPOSIÇÃO
187    # ============================
188
189    print("\n=== Decomposição aproximada ===")
190    print("ATE   NDE + NIE ?")
191    print("ATE:", ate_estimate.value)
192    print("NDE:", nde_estimate.value)
193    print("NIE:", nie_estimate.value)
194    print("NDE + NIE:", nde_estimate.value +
           nie_estimate.value)
```

Até a linha 128 do código acima, não há nenhuma novidade, a não ser o intervalo de confiança e o p-valor. É precisamente na linha 136 do código que começamos a medir os efeitos indiretos. O argumento "estimand_type=‘. Essa é a parte que define a solicitação do efeito indireto natural (NIE). Mede parte do efeito total transmitido pelo mediador (M). O próximo argumento "proceed_when_unidentifieable=True" significa que o código prosseguirá mesmo se o efeito não for identificável, ou seja, mesmo que não tenhamos todos os dados necessários para identificar o efeito causal, como variáveis de confusão não observadas. Em termos práticos, isso pressupõe que o modelo esteja suficientemente ajustado para prosseguir.

Já vimos o efeito total nos capítulos anteriores e, portanto, não vou me repetir. Vamos direto para a análise do efeito indireto, conforme saída abaixo:

```
=== Estimando NIE (Natural Indirect Effect) ===
Estimand type: EstimandType.NONPARAMETRIC_NIE

### Estimand : 1
Estimand name: mediation
Estimand expression:
             d                                d
 ↪
E              (qualidade_vida)    ([investimentos_sociais])
  d[investimentos_sociais]                   d[PIB]
 ↪
Estimand assumption 1, Mediation: investimentos_sociais intercepts
↪  (blocks) all directed paths from PIB to q,u,a,l,i,d,a,d,e,_,v,i,d,a
↪  except the path {PIB}→{q,u,a,l,i,d,a,d,e,_,v,i,d,a}.
Estimand assumption 2, First-stage-unconfoundedness: If U→{PIB} and
↪  U→{investimentos_sociais} then P(investimentos_sociais|PIB,U) =
↪  P(investimentos_sociais|PIB)
Estimand assumption 3, Second-stage-unconfoundedness: If
↪  U→{investimentos_sociais} and U→qualidade_vida then
↪  P(qualidade_vida|investimentos_sociais, PIB, U) =
↪  P(qualidade_vida|investimentos_sociais, PIB)


NIE estimado (efeito indireto via investimentos_sociais):
*** Causal Estimate ***

## Identified estimand
Estimand type: EstimandType.NONPARAMETRIC_NIE
```


```
### Estimand : 1
Estimand name: mediation
Estimand expression:
             d                                d
 ↪
E              (qualidade_vida)    ([investimentos_sociais])
  d[investimentos_sociais]                   d[PIB]
 ↪
Estimand assumption 1, Mediation: investimentos_sociais intercepts
↪  (blocks) all directed paths from PIB to q,u,a,l,i,d,a,d,e,_,v,i,d,a
↪  except the path {PIB}→{q,u,a,l,i,d,a,d,e,_,v,i,d,a}.
Estimand assumption 2, First-stage-unconfoundedness: If U→{PIB} and
↪  U→{investimentos_sociais} then P(investimentos_sociais|PIB,U) =
↪  P(investimentos_sociais|PIB)
Estimand assumption 3, Second-stage-unconfoundedness: If
↪  U→{investimentos_sociais} and U→qualidade_vida then
↪  P(qualidade_vida|investimentos_sociais, PIB, U) =
↪  P(qualidade_vida|investimentos_sociais, PIB)
```

```
## Realized estimand
(b: investimentos_sociais~PIB+governanca)*(b:
↪ qualidade_vida~investimentos_sociais+PIB+governanca)
Target units: ate

## Estimate
Mean value: 0.08306546942057642

NIE (valor numérico): 0.08306546942057642
```

A expressão matemática ali presente, $E[\frac{\partial \text{qualidade_vida}}{\partial \text{investimentos_sociais}} * \frac{\partial \text{investimentos_sociais}}{\partial PIB}]$significa que o efeito indireto é o PIB multiplicado pelos investimentos sociais. Queremos responder à pergunta: "Se aumentarmos o PIB, a qualidade de vida aumenta exclusivamente porque os investimentos sociais aumentaram?".

Nosso primeiro pressuposto é que o mediador abrange todos os caminhos indiretos entre PIB e Qualidade de Vida. Isso significa que todo caminho indireto deve passar por investimentos sociais. Não pode existir algum caminho escondido do tipo PIB influencia educação, que influencia a qualidade de vida, ou algo como PIB influencia segurança, que influencia a qualidade de vida; resumindo: nada que não tenha sido controlado.

Nosso segundo pressuposto é o da primeira ignorabilidade, já discutida em capítulos anteriores. Não há confundidores não medidos afetando simultaneamente o PIB e os investimentos sociais; ou seja, não pode haver uma variável U que aumente o PIB e também aumente investimentos_sociais ao mesmo tempo, exceto aquelas que você controlou (ex.: governança).

Nosso terceiro pressuposto é a segunda ignorabilidade, ou seja, não há confundidores não medidos que afetem simultaneamente Investimentos e Qualidade de Vida. Se houver, tem que ser controlado (ex.: governança, população, estrutura fiscal, etc.).

O estimando é: $(b : \text{investimentos\_sociais} \sim PIB + governanca) * b : \text{qualidade\_vida} \sim \text{investimentos\_sociais} + PIB + governanca)$. O DoWhy estimou primeiro o quanto o PIB aumenta os investimentos sociais, controlando a governança. Depois, estimou o quanto os investimentos sociais aumentam a qualidade de vida, controlando o PIB e a governança. E por fim, multiplicou os dois coeficientes (método padrão para mediação linear).

É possível ver a saída $NIE = 0.08306546942057642$. Isso significa que um aumento de 1 unidade no PIB gera um aumento de 0.083 unidades em Qualidade de Vida exclusivamente via Investimentos Sociais. Traduzindo, 8,3% do efeito total do PIB sobre Qualidade de Vida ocorre por causa do aumento nos investimentos sociais. O restante (cerca de 91,7%) é efeito direto ou via outros mecanismos não modelados.

Imagine que o Brasil receba R$ 1 bilhão adicional no PIB. Com base, exclusivamente, no NIE encontrado: Apenas 8,3% do impacto gerado na Qualidade de Vida acontece porque o governo aumenta gastos em educação, saúde, saneamento, etc.. Isso significa que os investimentos sociais são um mediador relevante, mas não o principal canal.

Na linha 161 do código acima descrito, começa a mensuração dos efeitos diretos. Repare que aqui é utilizado o parâmetro estimand_type = "nonparametric-nde". Essa é a única diferença em relação aos demais códigos. A saída está aqui embaixo:

```
=== Estimando NDE (Natural Direct Effect) ===
Estimand type: EstimandType.NONPARAMETRIC_NDE

### Estimand : 1
Estimand name: mediation
Estimand expression:
   d
E    (qualidade_vida|investimentos_sociais)
  d[PIB]
Estimand assumption 1, Mediation: investimentos_sociais intercepts
↪  (blocks) all directed paths from PIB to q,u,a,l,i,d,a,d,e,_,v,i,d,a
↪  except the path {PIB}→{q,u,a,l,i,d,a,d,e,_,v,i,d,a}.
```

```
Estimand assumption 2, First-stage-unconfoundedness: If U→{PIB} and
↪ U→{investimentos_sociais} then P(investimentos_sociais|PIB,U) =
↪ P(investimentos_sociais|PIB)
Estimand assumption 3, Second-stage-unconfoundedness: If
↪ U→{investimentos_sociais} and U→qualidade_vida then
↪ P(qualidade_vida|investimentos_sociais, PIB, U) =
↪ P(qualidade_vida|investimentos_sociais, PIB)


NDE estimado (efeito direto de PIB sobre Qualidade de Vida):
*** Causal Estimate ***

## Identified estimand
Estimand type: EstimandType.NONPARAMETRIC_NDE

### Estimand : 1
Estimand name: mediation
Estimand expression:
    d
E    (qualidade_vida|investimentos_sociais)
  d[PIB]
Estimand assumption 1, Mediation: investimentos_sociais intercepts
↪ (blocks) all directed paths from PIB to q,u,a,l,i,d,a,d,e,_,v,i,d,a
↪ except the path {PIB}→{q,u,a,l,i,d,a,d,e,_,v,i,d,a}.
Estimand assumption 2, First-stage-unconfoundedness: If U→{PIB} and
↪ U→{investimentos_sociais} then P(investimentos_sociais|PIB,U) =
↪ P(investimentos_sociais|PIB)
Estimand assumption 3, Second-stage-unconfoundedness: If
↪ U→{investimentos_sociais} and U→qualidade_vida then
↪ P(qualidade_vida|investimentos_sociais, PIB, U) =
↪ P(qualidade_vida|investimentos_sociais, PIB)

## Realized estimand
(b: qualidade_vida~PIB+governanca) - ((b:
↪ investimentos_sociais~PIB+governanca)*(b:
↪ qualidade_vida~investimentos_sociais+PIB+governanca))
Target units: ate

## Estimate
Mean value: 0.02743609420175923

NDE (valor numérico): 0.02743609420175923

=== Decomposição aproximada ===
ATE  NDE + NIE ?
ATE: 0.11050156362233565
NDE: 0.02743609420175923
```

```
NIE: 0.08306546942057642
NDE + NIE: 0.11050156362233565
```

O NDE — Natural Direct Effect mede o quanto o PIB aumenta a qualidade de vida, mantendo fixo o nível de investimentos sociais (ou seja, sem permitir que o PIB afete a qualidade de vida via o mediador). É o impacto direto do PIB na qualidade de vida que não passa por investimentos sociais. Isso é o complemento perfeito do NIE, que mediava por meio de investimentos sociais.

Na saída acima, $E[\frac{\partial \text{qualidade\_vida} \mid \text{investimentos\_sociais}}{\partial PIB}]$. Mede o quanto a qualidade_vida muda quando o PIB muda, mantendo os investimentos sociais "congelados". É literalmente a parte não mediada. O DoWhy usou $(b : \text{qualidade\_vida} \sim PIB + governanca) - ((b : \text{investimentos\_sociais} \sim PIB + governanca) * (b : \text{qualidade\_vida} \sim \text{investimentos\_sociais} + PIB + governanca))$, o que, traduzindo, significa que primeiro pega o coeficiente bruto de PIB sobre Qualidade de Vida (efeito total). Depois, subtrai o componente que é explicado via Investimentos Sociais (NIE). O que sobra é o efeito direto, ou seja, o NDE.

É possível ver na saída $NDE = 0.02743609420175923$, que significa que um aumento de 1 unidade no PIB gera 0.027 unidades de aumento em Qualidade de Vida por caminhos **não** relacionados a investimentos sociais. Em termos percentuais (comparados ao ATE), $ATE = 0.1105$,$NDE = 0.0274$ e $NIE = 0.0831$. Então, 24,8% do efeito do PIB na qualidade de vida é direto e 75,2% é indireto (via investimentos sociais). O cálculo é feito utilizando-se os valores mostrados na saída acima, como: Você encontrou: $NIE = 0.0831$ (75% do efeito total), $NDE = 0.0274$ (25% do efeito total), $ATE = 0.1105$ (efeito total). E o DoWhy confirmou mostrando $NDE + NIE = ATE$. Isso significa que a decomposição causal é consistente. Não há violação numérica do modelo. A mediação por meio de investimentos sociais explica mais de 3/4 do impacto do PIB.

4.4 Exemplo Prático: PIB com Investimentos Sociais Causam Qualidade de Vida - GCM

Agora que sabemos utilizar os dados da maneira clássica do DoWhy, vamos utilizar uma abordagem moderna, que permite utilizar a abordagem Modeling Graphical Causal Models, ou apenas, GCMs. É a modelagem de modelos causais por meio de grafos.

Quando utilizamos o GCM do DoWhy, ele estima o ACE Global (contrafactual real), enquanto que o modo clássico estima o ATE marginal (derivada parcial). No modo clássico, utilizávamos a regressão linear com ajustes (é linear, local e ignora a não linearidade do sistema). No GCM, vamos fazer simulações do modelo estrutural completo (é não linear, usa interações e um DAG aplicado aos mecanismos). O ACE (Average Causal Effect) é estimado pela definição contrafactual $ACE = E[Y|do(PIB = alto)] - E[Y|do(PIB = baixo)]$. O DoWhy(DOWHY, 2025) intervém diretamente no nó PIB e propaga os efeitos pelo grafo inteiro, aplicando o mecanismo aprendido a cada nó. Para fazer isso, você precisa rodar o código abaixo:

```
# ============================
# DEFINIÇÃO DO GCM (DAG + modelo probabilístico)
# ============================
# Grafo causal conforme a história:
graph = nx.DiGraph([
    ("governanca", "PIB"),
    ("governanca", "investimentos_sociais"),
```

```
    ("governanca", "qualidade_vida"),
    ("PIB", "investimentos_sociais"),
    ("PIB", "qualidade_vida"),
    ("investimentos_sociais", "qualidade_vida"),
])
# Cria o modelo causal probabilístico
causal_model = gcm.ProbabilisticCausalModel(graph)
# Atribui automaticamente mecanismos causais (regressores, etc.)
gcm.auto.assign_causal_mechanisms(causal_model, df)
# Ajusta (fit) cada mecanismo aos dados observados
gcm.fit(causal_model, df)
# ==============================
# ESTIMANDO O EFEITO MÉDIO DO PIB SOBRE QUALIDADE DE VIDA
#    usando intervenções no nó "PIB"
# ==============================
# Vamos definir dois cenários de PIB:
# - cenário "baixo": 25º percentil
# - cenário "alto" : 75º percentil
pib_baixo = df["PIB"].quantile(0.25)
pib_alto  = df["PIB"].quantile(0.75)
print(f"\nPIB baixo (25%): {pib_baixo:.2f}")
print(f"PIB alto  (75%): {pib_alto:.2f}")
# Estimar ACE = E[Y | do(PIB := alto)] - E[Y | do(PIB := baixo)]
ace_pib = gcm.average_causal_effect(
    causal_model,
    target_node="qualidade_vida",
```

```
34      interventions_alternative={"PIB": lambda x: pib_alto},
35      interventions_reference={"PIB": lambda x: pib_baixo},
36      # podemos usar observed_data para respeitar mais a estrutura conjunta
37      observed_data=df,
38      # ou, alternativamente, num_samples_to_draw=1000 para simular do zero
39  )
40  print("\n=== Efeito médio do PIB sobre Qualidade de Vida (GCM) ===")
41  print(f"ACE(PIB: alto vs baixo)  {ace_pib:.3f}")
```

Na linha 5 do código, definimos o grafo. Na linha 14, chamamos o método ***gcm.ProbabilisticCausalModel*** e em seguida atribuímos os mecanismos causais no dataframe, na linha 16. Na linha 18 ocorrerá o treino do modelo. Seguindo a fórmula contrafactual dada acima, definimos como PIB alto um cenário com 75% acima do percentil e como PIB baixo um cenário abaixo de 25 % do percentil. Na linha 31, realizamos a estimação do efeito causal, definindo expressamente as intervenções no PIB como alto e intervenções de referência com PIB baixo e colocamos o dataframe como sendo os dados observados.

Antes de mostrar a saída do código abaixo, preciso destacar que, aqui, os valores serão diferentes porque atribuí um salto grande no PIB de 75% (de 86,16 para 115,89), uma diferença de 30 unidades, enquanto, no método clássico da seção 4.3, estávamos medindo o aumento do PIB para cada unidade.

```
Prévia dos dados simulados:
          PIB  investimentos_sociais  qualidade_vida  governanca
0  103.182500              41.772090       42.527980    0.496714
1   95.789527              45.196729       44.483613   -0.138264
2  105.029572              62.590451       46.907689    0.647689
3  127.380982              95.988546       57.017712    1.523030
4   76.380786               7.340925       41.108550   -0.234153
Fitting causal mechanism of node qualidade_vida: 100%|          | 4/4
↪ [00:00<00:00, 108.27it/s]
PIB baixo (25%): 86.16
PIB alto  (75%): 115.89

=== Efeito médio do PIB sobre Qualidade de Vida (GCM) ===
ACE(PIB: alto vs baixo)  3.934
```

Veja que o $ACE \approx 3.93$ encontrado pelo GCM é o efeito total, funcionando em todo o sistema de equações estruturais. Eu tento responder à seguinte pergunta: "Se eu pegasse todos esses valores e, em vez de terem PIB baixo, eu interviesse e colocasse o PIB deles em nível alto, quanto, em média, a qualidade de vida mudaria?' A resposta da simulação foi que, em média, a qualidade de vida subiria 3,93 unidades. Eis o motivo pelo qual o ACE é esse valor.

É quanto a qualidade de vida média mudaria se você mexesse no PIB, deixando o modelo causal inteiro reagir, com todos os caminhos do grafo ativos ao mesmo tempo. Não é só "um coeficiente de regressão". É o resultado de rodar o sistema causal de ponta a ponta em dois cenários (PIB baixo vs PIB alto) e de tirar a diferença média em Y.

Quando calculamos o ATE na seção 4.3, estimamos $Y = \beta_0 + \beta_1 PIB + \beta_2 governanca + \epsilon$, em que o coeficiente $\beta_1 = 0.1105$, ou seja, para cada unidade de PIB, a qualidade de vida aumenta 0.1105. Se multiplicarmos isso por 30 (a diferença entre os PIBs de 86,16 e 115,89), vai dar algo em torno de 3,315, que é bem próximo do valor calculado pelo GCM.

Será possível visualizar o gráfico com o código abaixo:

```
import matplotlib.pyplot as plt
```

```
import networkx as nx
nx.draw(causal_model.graph, with_labels=True,
    node_color='skyblue', node_size=2000,
    font_size=10, font_weight='bold')
plt.show()
```

A saída será algo como:

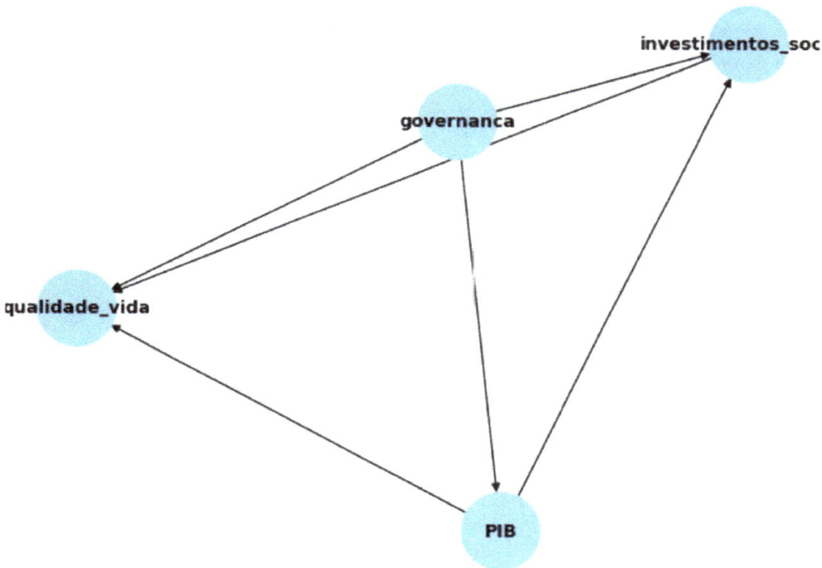

Figura 4.2: Grafo Causal do GCM

Com essa abordagem, é possível estudar cenários como: e se o PIB subir 65%? E se o cenário do PIB ficar estável? Isso é literalmente o último degrau explicado por Judea Pearl sobre contrafactualidade. O GCM foi criado para simular sistemas inteiros, responder perguntas do tipo "e se?" gerais sobre os dados coletados, gerar distribuições contrafactuais e calcular o efeito causal, a causa raiz ou as anomalias. Ele não foi criado para análises paramétricas formais, como efeitos diretos ou indiretos, não foi criado para provas estatísticas do tipo "substituindo mediador por contrafactuais naturais". Para isso, será necessário utilizar o modelo clássico, como explanado na seção 4.3.

Cuidado

Apesar de não ter feita a refutação para deixar o livro menos espesso e menos repetitivo, ao final, sempre deverá ser feita a refutação em todas as mensurações que fizer usando DoWhy. Isso garante robustez e é parte necessária de acordo com o próprio manual.

Capítulo 5

Fio 4: Especialização - Variáveis Instrumentais, Séries Temporais e Sensibilidade

Este capítulo introduz três ferramentas essenciais para cenários onde as premissas causais são frágeis ou violadas:

- Variáveis Instrumentais (IV);
- Causalidade em Séries Temporais;
- Análise de Sensibilidade e Robustez.

Esses métodos lidam com situações em que há confusão não observada, o tratamento é endógeno, os efeitos mudam ao longo do tempo ou não acreditamos plenamente nas nossas premissas.

5.1 Variáveis Instrumentais (IV)

Imagine que você quer medir a relaçao entre velocidade do motorista e o risco de acidente de carro, onde:

- X = velocidade do motorista;
- Y = risco de acidente.

O detalhe nessa situação hipotética é que há um enorme confundidor, que será denominado habilidade do motorista (não medida). Motoristas habilidosos dirigem rápido e têm menos acidentes. Então a correlação engana nesses casos. Como resolver usando uma abordagem mais rigorosa? É aí que entram as variáveis instrumentais. Podemos usar, como instrumento Z, detecções de radar aleatórias realizadas por policiais em uma blitz. Os radares aumentam ou diminuem a velocidade (X), mas não alteram a habilidade do motorista e só afetam acidentes por meio da velocidade. Isso é uma variável instrumental (ANGRIST; PISCHKE, 2008; PEARL, 2009a). Ela não pertence à equação, mas afeta algumas variáveis que a explicam. Segundo Angrist e Pischke (2008)(ANGRIST; PISCHKE, 2008), a variável instrumental deve ser relevante. Z deve afetar X. Em nosso exemplo, os radares reduzem a velocidade porque, ao ver um policial, o motorista reduz automaticamente a velocidade. Essa variável também precisa de exogeneidade (independência), ou seja, Z não pode afetar Y diretamente (ANGRIST; PISCHKE, 2008). Em nosso exemplo, os radares não tornam o motorista mais habilidoso. Se essas duas condições forem verdadeiras, podemos isolar a parte 'limpa' de X que veio de Z.

No DoWhy, para identificar esse efeito, é necessário deixá-los explícito, conforme código abaixo:

```
identified_iv = model.identify_effect(
    estimand_type="iv",
```

```
    method_name="iv.instrumental_variable",
    instrumental_variables="Z"
)
```

No código acima, o DoWhy checa os instrumentos declarados, gera críticas e estima usando o 2SLS (Two-Stage Least Squares). Para uma compreensão mais apurada da técnica, dados falsos serão gerados apenas com o intuito de demonstrar a técnica em ação. Após gerar os dados, a análise foi executada utilizando-se o código abaixo:

```
"""
Exemplo de variável instrumental:
- X = speed (velocidade)
- Y = accident_risk (risco de acidente)
- Z = radar (instrumento)
- U = skill (habilidade - NÃO observada na análise)

Cenário:
- Motoristas habilidosos dirigem mais rápido e têm MENOS acidentes.
- Isso gera viés na regressão simples Y ~ speed.
- Radar reduz a velocidade, mas não afeta o risco diretamente.
- Usamos Z como instrumento para X.
"""

import numpy as np
import pandas as pd
import statsmodels.api as sm
from dowhy import CausalModel

np.random.seed(42)
```

```python
# ==============================
# Regressão ingênua (OLS): Y ~ speed
# ==============================
print("\n=== Regressão ingênua (OLS): accident_risk ~ speed ===")

X_ols = sm.add_constant(df["speed"])
y_ols = df["accident_risk"]
ols_model = sm.OLS(y_ols, X_ols).fit()

print(ols_model.summary())
print("\nCoeficiente OLS para speed:", ols_model.params["speed"])
print("Efeito causal verdadeiro (para comparação):", true_beta_speed)

# ==============================
# Abordagem com VARIÁVEL INSTRUMENTAL (IV)
#    Usando DoWhy para estimar efeito de speed em accident_risk
#    com radar como instrumento
# ==============================

# Como não queremos usar 'skill' na análise (não observável), dropamos:
df_analysis = df.drop(columns=["skill"])

# Definimos o grafo causal em formato DOT:
# skill é latente, então aparece no grafo, mas NÃO nos dados.
causal_graph = r"""
digraph {
    skill -> speed;
```

```
    skill -> accident_risk;

    radar -> speed;

    speed -> accident_risk;
}
"""

model = CausalModel(
    data=df_analysis,
    treatment="speed",
    outcome="accident_risk",
    graph=causal_graph
)

print("\n=== Modelo causal (DoWhy) ===")
# model.view_model()  # opcional: gera um PNG com o DAG, se estiver num ambiente gráfico

# Identificar estimando ATE com possibilidade de IV
identified_estimand = model.identify_effect()
print("\nIdentified estimand:")
print(identified_estimand)

# Estimar usando variável instrumental
iv_estimate = model.estimate_effect(
    identified_estimand,
    method_name="iv.instrumental_variable",
    method_params={"iv_instrument_name": "radar"},
    test_significance=True
)
```

```
print("\n=== Estimativa IV (DoWhy): efeito de speed em accident_risk ===")
print(iv_estimate)
print("Valor numérico IV:", iv_estimate.value)
print("Efeito causal verdadeiro:", true_beta_speed)

# ================================
# 2SLS manual (para ver a mecânica)
# ================================

print("\n=== 2SLS manual (primeiro estágio + segundo estágio) ===")

# Primeiro estágio: speed ~ radar
X_first = sm.add_constant(df_analysis["radar"])
y_first = df_analysis["speed"]
first_stage = sm.OLS(y_first, X_first).fit()
speed_hat = first_stage.fittedvalues

print("Primeiro estágio: efeito de radar na velocidade:")
print(first_stage.summary())

# Segundo estágio: accident_risk ~ speed_hat
X_second = sm.add_constant(speed_hat)
y_second = df_analysis["accident_risk"]
second_stage = sm.OLS(y_second, X_second).fit()

```

```
104 print("\nSegundo estágio (usar speed_hat como
       instrumento de speed):")
105 print(second_stage.summary())
106 print("\nCoeficiente 2SLS para speed_hat:",
       second_stage.params[1])
107 print("Efeito causal verdadeiro:",
       true_beta_speed)
```

A variável instrumental é declarada na linha 72 do código. No argumento da função 'method_name' foi inserido "iv.instrumental_variable". Como parâmetro do argumento 'method_params', foi inserido o dicionário, no qual a chave "iv_instrument_name" recebeu o valor "radar", já que, em nosso dataframe, a variável identificada como radar exerce esse papel. O restante permanece como definido nos códigos apresentados em capítulos anteriores.

A saída do código ficará parecida com:

```
Prévia dos dados simulados:
        speed  accident_risk  radar     skill
0   81.268234     146.728453      0  0.496714
1   75.608790     142.538397      0 -0.138264
2   86.361059     129.902084      0  0.647689
3  103.530230     158.689002      0  1.523030
4   71.375465     104.175448      0 -0.234153

=== Regressão ingênua (OLS): accident_risk ~ speed ===
                            OLS Regression Results
=========================================
Dep. Variable:          accident_risk   R-squared:
↪  0.689
Model:                            OLS   Adj. R-squared:
↪  0.688
Method:                 Least Squares   F-statistic:
↪  1.105e+04
Date:                Mon, 01 Dec 2025   Prob (F-statistic):
↪  0.00
Time:                        23:06:16   Log-Likelihood:
↪  -18804.
No. Observations:                5000   AIC:
↪  3.761e+04
```

```
Df Residuals:                    4998   BIC:
↪ 3.762e+04
Df Model:                           1
Covariance Type:            nonrobust
============================================
                 coef    std err          t      P>|t|      [0.025
                 ↪ 0.975]
--------------------------------------------
const         38.5255      0.830     46.426      0.000      36.899
↪ 40.152
speed          1.1272      0.011    105.110      0.000       1.106
↪ 1.148
============================================
Omnibus:                        0.360   Durbin-Watson:
↪ 2.044
Prob(Omnibus):                  0.835   Jarque-Bera (JB):
↪ 0.330
Skew:                          -0.018   Prob(JB):
↪ 0.848
Kurtosis:                       3.018   Cond. No.
↪ 437.
===============================================

Notes:
[1] Standard Errors assume that the covariance matrix of the errors is
↪ correctly specified.

Coeficiente OLS para speed: 1.1271688653929535
Efeito causal verdadeiro (para comparação): 1.5

=== Modelo causal (DoWhy) ===

Identified estimand:
Estimand type: EstimandType.NONPARAMETRIC_ATE

### Estimand : 1
Estimand name: backdoor
No such variable(s) found!

### Estimand : 2
Estimand name: iv
Estimand expression:
                                              -1
    d                       d
E      (accident  )      ([speed])
 d[radar]                d[radar]
Estimand assumption 1, As-if-random: If U→→accident_risk then ¬(U
↪ →→{radar})
```

```
Estimand assumption 2, Exclusion: If we remove {radar}→{speed}, then
↪  ¬({radar}→accident_risk)

### Estimand : 3
Estimand name: frontdoor
No such variable(s) found!

### Estimand : 4
Estimand name: general_adjustment
No such variable(s) found!


=== Estimativa IV (DoWhy): efeito de speed em accident_risk ===
*** Causal Estimate ***

## Identified estimand
Estimand type: EstimandType.NONPARAMETRIC_ATE

### Estimand : 1
Estimand name: iv
Estimand expression:
                                                   -1
     d                          d
E     (accident  )      ([speed])
 d[radar]                 d[radar]
Estimand assumption 1, As-if-random: If U→→accident_risk then ¬(U
↪  →→{radar})
Estimand assumption 2, Exclusion: If we remove {radar}→{speed}, then
↪  ¬({radar}→accident_risk)

## Realized estimand
Realized estimand: Wald Estimator
Realized estimand type: EstimandType.NONPARAMETRIC_ATE
Estimand expression:
    d
E    (accident  )
 dradar


       d
   E    (speed)
     dradar
Estimand assumption 1, As-if-random: If U→→accident_risk then ¬(U
↪  →→{radar})
Estimand assumption 2, Exclusion: If we remove {radar}→{speed}, then
↪  ¬({radar}→accident_risk)
Estimand assumption 3, treatment_effect_homogeneity: Each unit's
↪  treatment ['speed'] is affected in the same way by common causes of
↪  ['speed'] and ['accident_risk']
```

```
Estimand assumption 4, outcome_effect_homogeneity: Each unit's outcome
↪ ['accident_risk'] is affected in the same way by common causes of
↪ ['speed'] and ['accident_risk']

Target units: ate

## Estimate
Mean value: 1.4684653472813027
p-value: [0, 0.001]

Valor numérico IV: 1.4684653472813027
Efeito causal verdadeiro: 1.5

=== 2SLS manual (primeiro estágio + segundo estágio) ===
Primeiro estágio: efeito de radar na velocidade:
                            OLS Regression Results
============================================
Dep. Variable:                  speed   R-squared:
↪ 0.096
Model:                            OLS   Adj. R-squared:
↪ 0.095
Method:                 Least Squares   F-statistic:
↪ 527.7
Date:                Mon, 01 Dec 2025   Prob (F-statistic):
↪ 4.21e-111
Time:                        23:06:25   Log-Likelihood:
↪ -19937.
No. Observations:                5000   AIC:
↪ 3.988e+04
Df Residuals:                    4998   BIC:
↪ 3.989e+04
Df Model:                           1
Covariance Type:            nonrobust
==========================================
                 coef    std err          t      P>|t|      [0.025
                 ↪ 0.975]
------------------------------------------
const         80.3188      0.259    310.563      0.000      79.812
↪ 80.826
radar         -8.4804      0.369    -22.972      0.000      -9.204
↪ -7.757
============================================
Omnibus:                        0.504   Durbin-Watson:
↪ 2.021
Prob(Omnibus):                  0.777   Jarque-Bera (JB):
↪ 0.462
Skew:                          -0.018   Prob(JB):
↪ 0.794
```

```
Kurtosis:                       3.030   Cond. No.
↪  2.60
============================================

Notes:
[1] Standard Errors assume that the covariance matrix of the errors is
↪  correctly specified.

Segundo estágio (usar speed_hat como instrumento de speed):
                            OLS Regression Results
============================================
Dep. Variable:          accident_risk   R-squared:
↪  0.112
Model:                            OLS   Adj. R-squared:
↪  0.111
Method:                 Least Squares   F-statistic:
↪  627.9
Date:                Mon, 01 Dec 2025   Prob (F-statistic):
↪  1.25e-130
Time:                        23:06:25   Log-Likelihood:
↪  -21424.
No. Observations:                5000   AIC:
↪  4.285e+04
Df Residuals:                    4998   BIC:
↪  4.287e+04
Df Model:                           1
Covariance Type:            nonrobust
==============================================
                 coef    std err          t      P>|t|      [0.025
               ↪  0.975]
----------------------------------------------
const         12.5335      4.470      2.804      0.005       3.770
↪  21.297
0              1.4685      0.059     25.057      0.000       1.354
↪  1.583
============================================
Omnibus:                        0.008   Durbin-Watson:
↪  2.048
Prob(Omnibus):                  0.996   Jarque-Bera (JB):
↪  0.004
Skew:                           0.002   Prob(JB):
↪  0.998
Kurtosis:                       3.001   Cond. No.
↪  1.37e+03
==============================================
Notes:
[1] Standard Errors assume that the covariance matrix of the errors is
↪  correctly specified.
```

```
[2] The condition number is large, 1.37e+03. This might indicate that
↪ there are
strong multicollinearity or other numerical problems.

Coeficiente 2SLS para speed_hat: 1.4684653472813018
Efeito causal verdadeiro: 1.5
```

Vamos compreender os dados mostrados acima por partes. A tabela 5.1 é possível ver como os dados se relacionam:

Tabela 5.1: Tabela com os dDados Gerados

	speed	accident_risk	radar	skill
0	81.268234	146.728453	0	0.496714
1	75.608790	142.538397	0	-0.138264
2	86.361059	129.902084	0	0.647689
3	103.530230	158.689002	0	1.523030
4	71.375465	104.175448	0	-0.234153

O speed é a velocidade do carro que varia entre 70 e 100 quilômetros por hora. O risco de aciente aumenta junto com a velocidade. O rada possui valor zero ou um (presença ou não de radar). Skill é a habilidade do motorista de dirigir. Não será usada como estimação, apenas para gerar o viés. A intuição é que velocidade alta e habilidade alta, o risco é menor de acidente. Velocidade baixa, habilidade baixa, risco maior do que o esperado.

Na regressão ingênua, conseguimos um coeficiente de 1,127, ou seja, a cada 1 quilômetro por hora a mais, isso aumenta o risco de acidente em apenas 1,12 unidades. Na simulação, o efeito causal verdadeiro foi de 1,5. Logo, essa regressão está subestimando o efeito causal. Isso por causa do confundidor não observado. Vimos que na saída do DoWhy, o AEMA ("As-if-randomness") não foi encontrada com a mensagem "No such variable(s) found!". Isso quer dizer que não há backdoor adequado no grafo, só existe IV e não ajuste direto. É o normal nesse caso. O DoWhy identificou o estimando corretamente com a mensagem $E\frac{\partial \text{accident\_risk}}{\partial radar} / E[\frac{\partial speed}{\partial radar}]$, que é a fórmula de Wald: $IV = \frac{\text{mudança em risco quando radar muda}}{\text{mudança em velocidade quando radar muda}}$.

O efeito causal estimado pelo IV é de 1,47. Isso é muito perto do valor simulado real de 1,5. Isso porque o radar é fonte exógena de variação na velocidade e não afeta o risco diretamente. Isso quer dizer que essa variação de velocidade seria limpa (não tem habilidade aqui). O IV está excluindo o viés de habilidade. Logo, o IV recupera o valor causal verdadeiro. O p-valor é significativo.

Em seguida, o valor de radar é estimado utilizando-se a regressão linear clássica com coeficiente de -8,48 quilômetros por hora, ou seja, quando o radar ou a polícia aparece, as pessoas reduzem a velocidade em 8,48 quilômetros por hora em média. Efeito significativo forte com p-valor abaixo de 0,0001. Isso garante que o radar é um bom instrumento (relevância).

Em seguida, vemos "Coeficiente 2SLS para speed_hat: 1.4684653472813018". Esse é o estimador IV puro do DoWhy, que está muito próximo do valor real de 1,5. Ele corrige completamente o viés que reduzia o coeficiente OLS para 1,12.

A regressão simples acha que a velocidade não é tão perigosa, porque quem dirige rápido costuma ser um motorista mais experiente. Já o IV trata o radar como um experimento natural, criando uma 'variação limpa' na velocidade, isto é, uma variação não contaminada pela habilidade do motorista. Por isso, o IV recupera um efeito mais próximo da verdade."

5.2 Causalidade em Séries Temporais

Muitos fenômenos — especialmente econômicos — evoluem ao longo do tempo como o PIB, investimentos, indicadores sociais, mercado de trabalho, inflação e homicídios. O tempo introduz novas complexidades (BOX et al., 2015). A causa deve ser, temporalmente, anterior ao mediador, que, por sua vez, deve ser anterior ao efeito, conforme visto na introdução deste livro.

Em séries temporais, isso é ainda mais rígido. Existe a dependência vertical (dentro da variável), por exemplo, o PIB hoje depende do PIB de ontem; a taxa de homicídios hoje depende da taxa de homicídios do ano passado (modelados por ARIMA, VAR, etc.). Também existe a dependência horizontal entre variáveis. Por exemplo, investimentos do ano passado afetam a qualidade de vida hoje; o PIB do ano passado afeta os investimentos deste ano; a segurança pública afeta a educação futuramente, e assim por diante. Se você come muito em um único dia, seu peso não muda, mas comer muito mês a mês muda bastante. O tempo nesse caso importa.

Vimos, na introdução, diversos métodos que buscam medir causalidade em séries temporais, como o teste de causalidade de Granger(GRANGER, 1980), simples, porém não causal no sentido de Pearl. Tem o teste VAR/SVAR (SIMS, 1980), modelos dinâmicos multivariados, entre outros. O DoWhy permite contrafactuais no tempo, substituição de séries históricas e comparação de regimes (policy evaluation),

Imagine que você seja contratado pelo governo de um país para analisar se uma determinada ação ou programa político influencia o PIB do país e de um estado em particular. Vamos chamar essa política de P_t e o PIB de Y_t. Vamos construir outra série temporal do PIB, denominada defasagem (representada por Y_{t-1}), também chamada lags.

Antes de prosseguir, precisamos nos aprofundar um pouco sobre o que é uma defasagem. O que é uma defasagem ou um lag? Qual é a sua importância e por que não posso simplesmente usar as datas como confundidor? Defasar uma série temporal é pegar o valor de uma data e subtrair de outra, a partir de n lags. Por exemplo, suponha que a série temporal comece em 1 de janeiro de 2000. Suponha um n igual a 1, ou seja, uma defasagem. Você pega o valor do dia 2 e subtrai-o do dia 1. Pega o valor do dia 3 e subtrai do dia 2 e assim por diante. Isso é defasagem. Se utilizar apenas a data como variável (ano, mês, etc.), isso vai prejudicar a captura de informações no modelo, porque a data ajuda a capturar tendência, tempo passando, mas não carrega a "memória" da série temporal em questão. E é essa memória ou informação que, de fato, importa causalmente. Vamos ver isso em exemplos:

- Imagine que está medindo $Emprego_t \leftarrow Emprego_{t-1}$, ou seja, está utilizando o emprego defasado em 1 para compreendê-lo, ou seja, usamos a própria variável emprego para regressão, para prever os seus próximos valores. O nome disso é vetor autoregressivo (BOX et al., 2015). Quando faço isso, busco encontrar a seguinte relação: "O emprego de hoje depende do emprego de ontem".

- Imagine agora que estou medindo $Emprego_t \leftarrow PIB_{t-1}$. Agora, para entender a variável emprego de hoje, estou usando os valores do PIB de $t - 1$, data presente menos uma unidade. Em outras palavras, "O emprego de hoje depende do PIB de ontem".

A abordagem acima respeita a ordem temporal, captura a inércia e a dependência dinâmica, além de fechar os backdoors do tipo em que Y_t e X_t têm um pai comum, Y_{t-1}. Se eu usar ano, esse número entra como tendência (todo mundo cresce ao longo dos anos). Começo a medir algo em relação ao tempo, como mudança tecnológica, produtividade, inflação, etc., mas não tenho relação alguma com o emprego de hoje e o de ontem. Então, a data, sozinha, não carrega o estado passado das variáveis. Você estaria confundindo tendência com causalidade. É possível usar datas quando você deseja capturar tendência secular (tudo cresce ao longo das décadas), para identificar quebras estruturais (pós-2008, pós-pandemia) ou para ajustar a sazonalidade (vendas em dezembro tendem a ser grandes por causa do Natal).

Dito isso, voltemos ao exemplo anterior: você foi contratado pelo Governo para medir causalidade entre um programa ou ação governamental e o PIB. Vamos gerar dados falsos, apenas para demonstrar a análise e aprender como a utilizar a ferramenta. time será o período, policy será a ação governamental e Y será o PIB. Y_{lag} será a defasagem da série Y em 1. Para fazer a análise, utilizaremos o seguinte código:

```
import numpy as np
import pandas as pd
from dowhy import CausalModel
causal_graph = """
digraph {
    Y_lag -> policy;
    Y_lag -> Y;
    policy -> Y;
}
"""

model = CausalModel(
    data=df,
    treatment="policy",
    outcome="Y",
    common_causes=["Y_lag"],
    graph=causal_graph
)

model.view_model()  # opcional: desenha o DAG

# ----- 3. Identificar o efeito (backdoor)
identified_estimand = model.identify_effect()
print(identified_estimand)
```

```python

# ----- 4. Estimar o efeito com regressão
    linear (backdoor)
estimate = model.estimate_effect(
    identified_estimand,
    method_name="backdoor.linear_regression"
)
print(estimate)
```

O grafo causal do modelo proposto está na imagem 5.1.

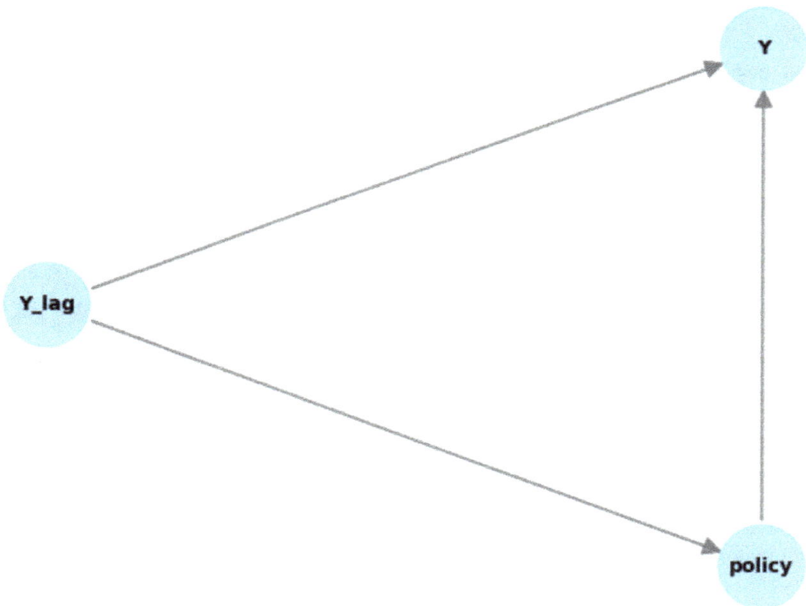

Figura 5.1: Grafo Causal da Série Temporal

A saída do código utilizado deveria ser algo como abaixo:

```
Estimand type: EstimandType.NONPARAMETRIC_ATE

### Estimand : 1
Estimand name: backdoor
Estimand expression:
    d
     (E[Y|Y_lag])
d[policy]
Estimand assumption 1, Unconfoundedness: If U→{policy} and U→Y then
↪  P(Y|policy,Y_lag,U) = P(Y|policy,Y_lag)

### Estimand : 2
Estimand name: iv
No such variable(s) found!

### Estimand : 3
Estimand name: frontdoor
No such variable(s) found!

### Estimand : 4
Estimand name: general_adjustment
Estimand expression:
    d
     (E[Y|Y_lag])
d[policy]
Estimand assumption 1, Unconfoundedness: If U→{policy} and U→Y then
↪  P(Y|policy,Y_lag,U) = P(Y|policy,Y_lag)

*** Causal Estimate ***

## Identified estimand
Estimand type: EstimandType.NONPARAMETRIC_ATE

### Estimand : 1
Estimand name: backdoor
Estimand expression:
    d
     (E[Y|Y_lag])
d[policy]
Estimand assumption 1, Unconfoundedness: If U→{policy} and U→Y then
↪  P(Y|policy,Y_lag,U) = P(Y|policy,Y_lag)

## Realized estimand
b: Y~policy+Y_lag
Target units: ate
```

```
## Estimate
Mean value: 1.926209138602647
```

Novamente, o DoWhy testou o backdoor, instrumental variable (IV), o frontdoor, e o general adjustment. A conclusão é que só existe ajuste por backdoor, usando Y_{lag} como confundidor. Não há variáveis instrumentais, não há medidadores frontdoor e o ajuste geral é exatamente o mesmo que o backdoor. Ele encontrou o seguinte estimando $\frac{\partial}{\partial policy}E[Y|Y_{lag}]$. Em outras palavras, para estimar o efeito causal da política (policy) sobre Y, basta controlar por Y_{lag}. Isso porque esse lag é um confundidor que afeta tanto a probabilidade de receber a política quanto o valor de Y, conforme o grafo causal apresentado na imagem 5.1. Portanto, para identificar o efeito causal, bastaria condicionar Y_{lag}. A saída If U $\rightarrow policy$ and U $\rightarrow Y$ then P$(Y|policy, Y_{lag,U}) = P(Y|Y_{lag})$ significa que se existirem outras variáveis não observadas que influenciam tanto a política quanto Y, elas não podem alterar a relação depois que controlamos Y_{lag}. Tecnicamente, apenas o controle por Y_{lag} é suficiente para bloquear todos os caminhos espúrios entre policy e Y. A regressão $Y \sim \alpha + \beta policy + \gamma Y_{lag} + \epsilon$ foi representada pela equação $Y \sim policy + Y_{lag}$ e o coeficiente de policy dessa regressão foi usado como estimativa do efeito causal marginal.

O valor Mean value (ATE):1.926209138602647 indica que usar a política aumenta Y em 1,93 unidades em média, mantendo Y_{lag} constante. Pense assim: se aplicássemos a política (essa é a intervenção $do(policy) = 1$), esperaríamos que Y aumentasse cerca de 1,93 unidades em relação ao mundo sem política (essa é a intervenção $do(policy) = 0$).

No início do livre, conversamos sobre causalidade e vimos que a habilidade de questionar "e se"seria uma das etapas para a causalidade, seria o segundo degrau da escada de Pearl. Caso queriamos simular intervenções para este caso, poderíamos fazer isso utilizando o código abaixo:

```python
# cenário 1: mundo em que policy = 1 (intervenção)
Y_do1 = estimate.estimator.interventional_outcomes(
    data_df=df,
    treatment_val=1
)

# cenário 2: mundo em que policy = 0 (intervenção)
Y_do0 = estimate.estimator.interventional_outcomes(
    data_df=df,
    treatment_val=0
)

df["Y_do1"] = Y_do1
df["Y_do0"] = Y_do0

ace_do = df["Y_do1"].mean() - df["Y_do0"].mean()
print("ACE estimado via interventional_outcomes:", ace_do)
print("ATE que o DoWhy já tinha dado:", estimate.value)
```

Se eu seu modelo você tiver outros valores diferentes de zero ou um, você poderá utilizá-los substituindo os valores devido no código. A saída nesse caso será a mesma que o modelo causal anterior.

A função "estimate.estimator.interventional_outcomes (data_df=df,treatment_val=...)" faz a mesma conta que o estimate.value anterior. Ela simula o mundo $do(policy = 1)$ para todas as linhas e retorna uma série Y_do1. Ela também simula o mundo

$do(policy = 0)$ e retorna uma série Y_do0. Daí, quando calculamos a média do do1 menos a média do do0, estamos calculando o ACE, que é $ACE = E[Y|do(policy = 1)] - E[Y|do(policy = 0)]$. Como o estimador é o mesmo da regressão linear e os dados são os mesmos, os dois caminhos chegam ao mesmo número.

Se quiser visualizar a diferença do real, dos dados que tiveram a política ou ação governamental e dos dados que não tiveram a ação, podemos usar o código abaixo:

```
df["Y_do1"] = estimate.estimator.interventional_outcomes(df, treatment_val=1)
df["Y_do0"] = estimate.estimator.interventional_outcomes(df, treatment_val=0)
import matplotlib.pyplot as plt

plt.figure(figsize=(14, 6))

# Série observada
plt.plot(df.index, df["Y"], label="Y observado", color="black", linewidth=2)

# Cenário contrafactual do(policy=1)
plt.plot(df.index, df["Y_do1"], label="Y sob do(policy=1)", color="red", linestyle="--", linewidth=2)

# Cenário contrafactual do(policy=0)
plt.plot(df.index, df["Y_do0"], label="Y sob do(policy=0)", color="green", linestyle="--", linewidth=2)

```

```
plt.title("Efeito Causal Visualizado com DoWhy
    \nComparação entre Y Observado e
    Contrafactuais")
plt.xlabel("Índice temporal (t)")
plt.ylabel("Valor de Y")
plt.legend()
plt.grid(alpha=0.3)
plt.tight_layout()
plt.show()
```

A saída do código acima ficou conforme a imagem 5.2.

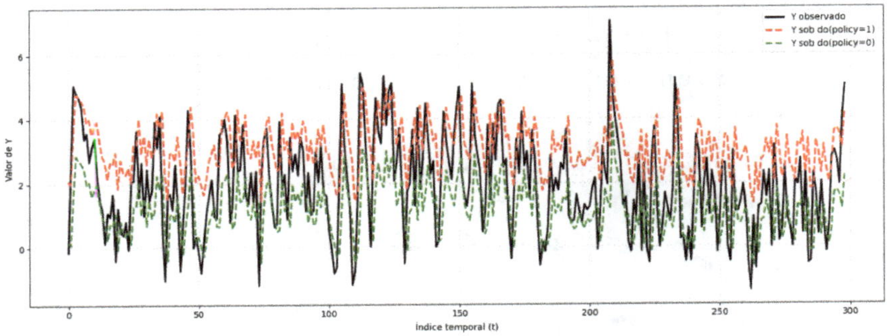

Figura 5.2: Efeito Causal entre o Observado Y e Contrafactuais

A linha preta da imagem 5.2 representa os dados reais. A linha vermelha representa um cenário em que todos receberam a ação governamental, e a linha verde, um cenário em que todos não a receberam. De forma visual, podemos visualizar os três universos possíveis, exatamente como explicao na introdução do livro sobre a escada da causalidade.

Cuidado

Apesar de não ter feita a refutação para deixar o livro menos espesso e menos repetitivo, ao final, sempre deverá ser feita a refutação em todas as mensurações que fizer usando DoWhy. Isso garante robustez e é parte necessária de acordo com o próprio manual.

5.3 Análise de Sensibilidade

Fizemos várias análises, mas sempre deixamos clara a necessidade de rigor nos processos que fizemos. Após essa análise, você pode se perguntar: "E se eu estiver errado?"

É exatamente isso que a análise de sensibilidade busca responder: "Quão forte teria que ser um confundidor invisível para anular o resultado?"

Em Shannon (1975)(SHANNON, 1975) é possível ver a importância da análise de sensibilidade em ambientes de simulação. A análise de sensibilidade pode ser feita quando não confiamos 100% na identificação das variáveis, quando suspeitamos de confundidores não observados, quando queremos saber "quanta confusão não medida destruiria o meu resultado?"

Imagine um estudo em que queremos medir a relação entre exercício e saúde, em que X = exercício e Y = saúde. Suponha que você encontre algo como "exercício melhora saúde em 10 pontos". Agora faça a pergunta: "para esse efeito desaparecer, quão forte teria que ser um fator oculto (talento atlético, disciplina, genética)?"

Se a resposta for algo como "precisaria ser um confundidor 5 vezes mais forte do que todos os observados", então a sua conclusão é robusta. Contudo, se um confundidor fraco já destrói o resultado, deduzimos que este é frágil.

Sensibilidade e mediação

VanderWeele (2015)(VANDERWEELE, 2015) mostra que mediação é extremamente sensível a confundidores entre mediador e desfecho e confundidores entre tratamento e mediador. Por isso, a mediação exige forte confiança temporal e causal (VANDERWEELE, 2015).

Sensibilidade no DoWhy

Como funciona a análise de sensbilidade no DoWhy? Já vimos que ele possui vários refutadores, como add_unobserved_common_cause, placebo_treatment_refuter, bootstrap_refuter, random_common_cause e data_subset_refuter.

O DoWhy então mostra o quão forte teria que ser o confundidor, se o efeito mudar de sinal ou se permanecer estável.

Capítulo 6

Fio 5: Domínio Total - Discovery, ML causal, contrafactuais

6.1 Descoberta

Ainda hoje, é importantíssimo o domínio do pesquisador sobre a definição de modelos causais, também conhecidos como grafos causais. Quando você não tem uma hipótese de grafo causal previamente especificada (ou não confia plenamente no grafo), quando você tem uma tabela com dados observacionais, várias variáveis e suspeita de causas e efeitos entre variáveis, mas não sabe quais, você usa o métodos de descoberta causais.

Esses algoritmos de descoberta causais permitem gerar grafos causais automaticamente a partir dos dados, sem exigir que o pesquisador os desenhe. Permite explorar relações causais que o pesquisador talvez não conheça nem tenha imaginado, e é relativamente fácil fazer isso com poucas linhas de código.

Cada método de descoberta tem suposições particulares, por exemplo, o LiNGAM assume linearidade e não gaussianidade. Se essas suposições estiverem violadas, o grafo descoberto pode estar incorreto.

Veremos el algoritmo de descubrimiento específico denominado PC. Existem outros como o GES (Greedy Equivalence Search) e o LiNGAM (Linear Non-Gaussian Acyclic Model). Como o foco do livro é uma análise de causalidade com foco no domínio do pesquisador, os demais algoritmos não serão comentados aqui.

6.2 PC - Peter-Clark

É um método ICA-based (Independent Component Analysis ou análise de componentes independentes), que descobre causalidade assumindo que as relações são lineares, que os ruídos são não gaussianos (a diferença entre o previsto e o real não segue aquela curva de sino, ele seria meio torto ou irregular) e ausência de ciclos (A causa B e B causa A ao mesmo tempo, isso é proibido)*.

Imagine que você gravou um áudio numa festa, com música ao fundo, pessoas conversando e alguém batendo palmas. É como se o algoritmo tentasse separar esse áudio misturado em apenas a música, apenas as vozes e apenas as palmas. Cada fonte seria considerada independente da outra.

Vejamos isso com um exemplo. Imagine avaliar se "crianças que comem açúcar ficam agitadas". Temos medições da quantidade de açúcar consumido (A) e do nível de agitação (B). O algoritmo vai testar: será que A causa B? Se isso for verdade, ao isolarmos o ruído da equação

*<https://www.pywhy.org/dowhy/v0.14/example_notebooks/dowhy_causal_discovery_example.html>

(imagine que a equação seja $B = 2A + ruido$), ele parece algo não gaussiano e independente de A. Ou será que B causa A? Para exemplificar, imagine que, nesse caso, a equação seria $A = 0.3B + ruido$. O ruído não ficaria independente de B e tenderia a ter formato de sino ou gaussiano. Nesse exemplo, o algoritmo deduziria que A causa B como a hipótese mais provável. Ele testa qual direção deixa os erros mais independentes; essa direção é considerada a causal.

Esse algoritmo é muito rápido computacionalmente, funciona com poucas suposições além da linearidade e de ruídos não gaussianos, e descobre causalidade sem precisar de experimentos. Ele não funciona bem com ruídos normais, relações não lineares, ciclos causais e grandes conjuntos com interações complexas.

Vamos simular os dados para o caso de crianças que comem doce ficarem agitadas. Simulamos que quanto mais idade a criança tem, mais doces ela come. Também simulamos que a sensibilidade ao açúcar leva a comer doces. A sensibilidade ao açucar leva a agitação e doces leva a agitação.

```
# -*- coding: utf-8 -*-
import numpy as np
import pandas as pd

# DoWhy (se você quiser depois usar o grafo para estimar efeitos)
from dowhy import CausalModel

# Imports de causal discovery (igual ao exemplo oficial do DoWhy)
from causallearn.search.ConstraintBased.PC import pc
from causallearn.utils.GraphUtils import GraphUtils
```

```python

import matplotlib.pyplot as plt
import matplotlib.image as mpimg
import io

# ---------------------------------------------
# 1) Gerar dados sintéticos: crianças & doces
# ---------------------------------------------
np.random.seed(42)
n = 2000  # número de crianças

# Causas de fundo
idade = np.random.randint(5, 13, size=n)  # 5 a 12 anos
sensibilidade_acucar = np.random.normal(loc=0, scale=1, size=n)

# Quanto doce cada criança come (linear com ruído)
doces = (
    0.4 * idade +
    1.2 * sensibilidade_acucar +
    np.random.normal(0, 1, size=n)
)

# Nível de agitação (causado por doces + sensibilidade)
agitacao = (
    0.8 * doces +
    1.5 * sensibilidade_acucar +
    np.random.normal(0, 2, size=n)
)

```

```
df = pd.DataFrame({
    "idade": idade,
    "sensibilidade_acucar":
       sensibilidade_acucar,
    "doces": doces,
    "agitacao": agitacao,
})

print("Primeiras linhas do dataset:")
print(df.head())

# ----------------------------------------
# 2) Preparar dados pro PC
# ----------------------------------------
cols = ["idade", "sensibilidade_acucar", "
   doces", "agitacao"]
data = df[cols].to_numpy()
labels = cols  # nomes dos nós

# ----------------------------------------
# 3) Rodar o PC algorithm
#     (no exemplo oficial: cg = pc(data))
# ----------------------------------------
# Você pode ajustar alpha (nível de
   significância)
cg = pc(data)  # usa Fisher-Z como teste de
   independência para dados contínuos

# ----------------------------------------
# 4) Visualizar o grafo retornado pelo PC
# ----------------------------------------
pyd = GraphUtils.to_pydot(cg.G, labels=labels)
tmp_png = pyd.create_png(f="png")
```

```
69 fp = io.BytesIO(tmp_png)
70 img = mpimg.imread(fp, format='png')
71
72 plt.figure(figsize=(5, 4))
73 plt.axis("off")
74 plt.title("Grafo causal descoberto pelo PC\n(crianças, doces e agitação)")
75 plt.imshow(img)
76 plt.show()
77
78 # ----------------------------------------------------------------
79 # 5) Imprimir as arestas do grafo
80 # ----------------------------------------------------------------
81 print("\nArestas do grafo descoberto pelo PC:")
82 for e in cg.G.get_graph_edges():
83     print(e)
```

Até a linha 48 é o processo de geração de dados falsos, apenas para ilustrar como funciona a ferramenta. A linha mais importante para a análise é uma só, a linha 62, onde invocamos a função pc, do pacote causallearn e a damos a tabela como argumento: $cg = pc(data)$. A partir dali, só serão tratados os dados oriundos dessa análise. O grafo causal descoberto ficou conforme a imagem 6.1.

A saída ficou conforme abaixo:

```
Primeiras linhas do dataset:
   idade  sensibilidade_acucar     doces  agitacao
0     11              0.177701  5.487758  5.214926
1      8             -1.335344  0.947822 -0.661632
2      9              0.380198  2.853037 -0.528617
3     11              0.610586  4.090658  2.231406
4      7              0.559790  2.984546  8.737758

Arestas do grafo descoberto pelo PC:
X1 --> X3
X2 --> X3
```

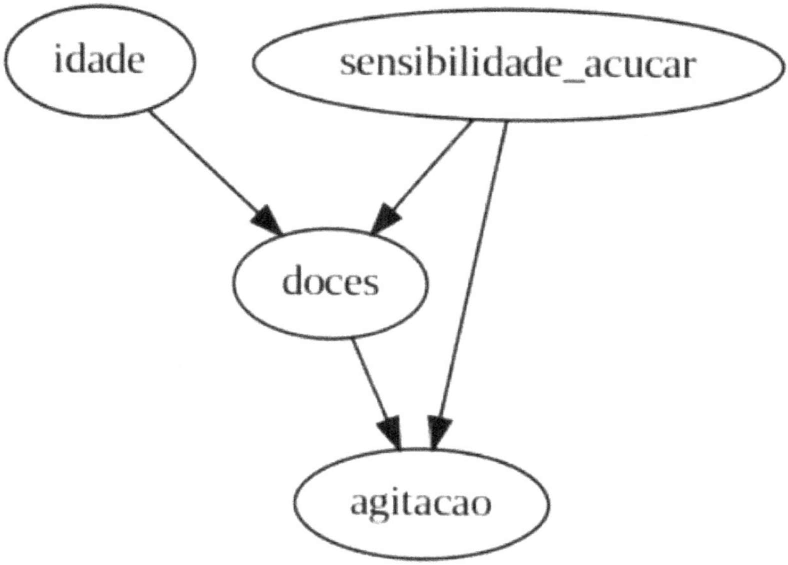

Figura 6.1: Grafo Causal Descoberto pelo Algoritmo PC

```
X2 --> X4
X3 --> X4
```

A tabela 6.1 apresenta de forma mais visual a saída acima. Se observar a criança de 11 anos, verá que ela comeu 5,48 unidades de doces, o que é bastante para o dataset. A agitação foi de 5,21, o que é relativamente alta para esses dados. Isso é coerente porque crianças maiores comem mais doces; mais doces levam a mais agitação e a sensibilidade levemente positiva também aumenta um pouco a agitação e assim por diante.

Sabemos que X1 é a idade, X2 é a sensibilidade ao açúcar, X3 é a quantidade de doces e X4 é a agitação. Então, o PC encontrou o grafo causal criado por nós para efeito de simulação, ou seja, idade faz comer mais doces, sensibilidade ao açúcar leva a comer mais doces, sensibilidade ao açúcar leva a agitação e comer doces leva a agitação. Com isso em mãos, agora é possível rodar o DoWhy com os dados, conforme explicado nos capítulos anteriores, para uma análise causal mais rigorosa.

Tabela 6.1: Tabela Oriunda do Algoritmo PC

índice	idade	sensibilidade_acucar	doces	agitacao
0	11	0.1777	5.4877	5.2149
1	8	-1.3353	0.9478	-0.6616
2	9	0.3802	2.8530	-0.5286
3	11	0.6106	4.0907	2.2314
4	7	0.5598	2.9845	8.7378

6.3 Machine Learning Causal

No mundo real, quem está fazendo machine learning pode adotar a postura de causalidade, para dar mais rigor aos trabalhos. Nesse caso, para fazer a análise de causalidade, você modelo explicitamente o grafo causal, identifica quais efeitos quer estimar (efeito médio, CATE, contrafactual, etc.), usa os estimadores possivelmente baseados em machine learning (regressão linear, modelos não paramétricos, etc.) para estimar os efeitos causais e faz a refutação ou teste de robustez (análise de sensibilidade), para aumentar a confiança de que o efeito estimado não é fruto de viés, confundidores não observados ou overfitting, etc.. Para isso, utilizaremos um dataset público, disponível no pacote sklearn, denominado de fetch_california_housing. Teremos uma base de casas com preço, renda, idade e número de quartos. Vamos transformar os quartos em um tratamento binário ("rooms_high"). Isso é o equivalente a um cenário do tipo "casas com muitos quartos" comparado com "casas com poucos quartos". Queremos analisar as seguintes relações causais:

- *income* → *rooms_high*, ou seja, bairros mais ricos tendem a ter casas maiores;

- *income* → *price*, ou seja, bairros mais ricos têm casas mais caras;

- *income* → *rooms_high* e *age* → *price*, ou seja, áreas mais antigas podem ter características sistematicamente diferentes;

- *rooms_high* → *price*, ou seja, é o efeito causal que queremos.

Isso tudo acima pode ser visto no código abaixo:

```
# -*- coding: utf-8 -*-
"""
Exemplo de Causal ML com:
- DoWhy 0.14
- EconML (LinearDML)
- XGBoost
- Dataset público do sklearn (California
  Housing)

Ideia:
- Tratamento (T): rooms_high (1 = muitos
  quartos, 0 = poucos)
- Outcome (Y): price (valor da casa)
- Confounders: income (renda), age (idade das
  casas)
"""


import numpy as np
import pandas as pd

from sklearn.datasets import
    fetch_california_housing
```

```python
from sklearn.preprocessing import PolynomialFeatures

from xgboost import XGBRegressor

from dowhy import CausalModel
# ===============================
# 1) Carregar um dataset público
#    (Calfornia housing - parecido com o Boston antigo)
# ===============================
data = fetch_california_housing(as_frame=True)
df_raw = data.frame.copy()

# Vamos renomear algumas colunas para ficar intuitivo
df = df_raw.rename(columns={
    "MedInc": "income",     # renda mediana
    "HouseAge": "age",      # idade das casas
    "AveRooms": "rooms",    # número médio de quartos
    "MedHouseVal": "price" # valor mediano das casas
})

# Mantemos só algumas colunas para clareza
df = df[["income", "age", "rooms", "price"]].dropna().reset_index(drop=True)

# ===============================
# 2) Criar uma "variável tratamento" binária
#    rooms_high = 1 se muitos quartos, 0 se poucos
```

```
# ================================
threshold = df["rooms"].median()
df["rooms_high"] = (df["rooms"] > threshold).astype(int)
# Nosso objetivo: efeito causal de rooms_high sobre price
# Confounders: income, age

# ================================
# 3) Definir o modelo causal (grafo)
#    Usamos uma string em formato DOT/Graphviz
# ================================
causal_graph = """
digraph {
    income -> rooms_high;
    income -> price;
    age -> rooms_high;
    age -> price;
    rooms_high -> price;
}
"""
```

Agora, é necessário identificar o efeito causal. Repare que não é obrigatório passar common_causes na função CausalModel, porque a documentação do DoWhy diz que basta fornecer um entre graph, common_causes ou instruments(DOWHY, 2025; SHARMA; KICIMAN, 2020). Quando você fornece um grafo completo (graph=causal_graph), o DoWhy lê o DAG, descobre quem são os common_causes (nós com seta tanto pra treatment quanto pra outcome) e usa isso na identify_effect() (backdoor etc.). Isso pode ser visto no código abaixo:

```python
# ====================================
# 4) Construir o CausalModel do DoWhy
# ====================================
model = CausalModel(
    data=df,
    treatment="rooms_high",
    outcome="price",
    graph=causal_graph
)

print("\n=== Descrição do modelo causal ===")
print(model)

# (Opcional) desenhar o grafo se tiver
    graphviz+pydot instalados:
model.view_model(layout="dot")

# ====================================
# 5) Identificar o efeito causal (backdoor etc
    .)
# ====================================
identified_estimand = model.identify_effect()
print("\n=== Identified estimand ===")
print(identified_estimand)
```

Agora, vamos calcular o efeito causal utilizando um algoritmo de machine learning denominado de XGBoost*, conforme código abaixo:

```python
# ========================================
# 6) Estimar o efeito usando EconML: LinearDML
    + XGBoost
# ========================================
```

*<https://xgboost.readthedocs.io/en/stable/python/python_intro.html>

```python

# Modelos de ML que vão entrar no DML:
xgb_y = XGBRegressor(
    n_estimators=200,
    max_depth=3,
    learning_rate=0.05,
    subsample=0.8,
    colsample_bytree=0.8,
    random_state=0,
)

xgb_t = XGBRegressor(
    n_estimators=200,
    max_depth=3,
    learning_rate=0.05,
    subsample=0.8,
    colsample_bytree=0.8,
    random_state=0,
)

estimate_dml_xgb = model.estimate_effect(
    identified_estimand,
    method_name="backdoor.econml.dml.LinearDML",
    target_units="ate",  # efeito médio na população (ATE)
    method_params={
        "init_params": {
            "model_y": xgb_y,
            # E[Y|X,W,T] com XGBoost
            "model_t": xgb_t,
            # E[T|X,W]   com XGBoost
            "featurizer": PolynomialFeatures(
```

```
                    degree=1,
                    include_bias=True
                ),
                "discrete_treatment": True,
                # T binário
                "random_state": 0,
            },
            "fit_params": {}
        }
)

print("\n=== Efeito causal estimado (LinearDML
     + XGBoost) ===")
print("ATE (rooms_high -> price):",
    estimate_dml_xgb.value)
```

No código usamos o Double Machine Learning (DML) do pacote EconML*. Neste abordagem, criamos um primeiro modelo para entender $\hat{m}(X,T) = E[Y|X,T]$, ou seja, quanto valor o Y (preço dos imóveis) para pessoas com essas características e esse tratamento? Em nosso caso, X é a renda e idade das casas, T é o número de quartos e Y é o preço. Traduzindo, "quanto a casa valeria se fosse um bairro com renda X, idade Z e T quartos?"

Depois, criamos um segundo modelo: $\hat{p}(X) = E[T|X]$, ou seja, qual é a chance de esse tratamento ocorrer para esse tipo de unidade? Em nosso exemplo, equivale à pergunta: "Qual é a probabilidade de uma casa ter muitos quartos, dada a renda e a idade da vizinhança?"

Por que dois modelos? Porque precisamos remover o viés da confusão e esse viés aparece tanto na forma como Y depende de X, quanto na forma como T depende de X. Isso vem da teoria do Neyman Orthogonal Score(BONHOMME; JOCHMANS; WEIDNER, 2025), que ga-

*<https://www.pywhy.org/EconML/>

rante que o estimador é robusto a overfitting, robusto a erro de modelagem, não enviesado assintoticamente e válido mesmo usando algoritmos de machine learning complexos como XGBoost. O DML faz isso usando uma técnica chamada ortogonalização ou double residualization. Aqui no código, teremos:

- **Passo 1:** Prever Y a partir de (X,T): $\hat{Y} = m(X, T)$;
- **Passo 2:** Prever T a partir de X: $\hat{T} = p(X)$;
- **Passo 3:** Remover o efeito dos confundidores X: $\hat{Y} = Y - \hat{m}(X, T)$ e $\hat{T} = T - \hat{p}(X)$. Isso produz resíduos que não contêm mais relações espúrias por causa dos confundidores;
- **Passo 4:** O efeito causal é o coeficiente da regressão simples $\hat{Y} = \Theta * \hat{T}$. O efeito causal é a parte do Y que não pode ser explicada por nenhuma variável além do tratamento. Isso é literalmente um contrafactual linearizado.

Como o LinearDML só pode modelar efeitos da forma linear $\tau(x) = \theta_0 + \theta_1 x_1 + \theta_2 x_2$, isso pode ser insuficiente quando existem interações entre os confundidores ou quando o efeito causal varia de forma não linear. Por isso, utilizaremos a função PolynomialFeatures. Será usada com grau 1, porque isso não adiciona termos quadráticos, ele só expande interceptos e combinações lineares. Se os efeitos causais forem altamente não lineares, utilize grau 2, ou trocar LinearDML por NonParamDML ou CausalForestDML ou usar DeepIV, se existir instrumentos. O featurizer define o espaço no qual o efeito causal será aprendido (mapeia X para esse espaço). O XGBoost já captura não linearidades, mas o efeito causal final ainda é modelado linearmente na base expandida. Portanto, o model_y é o contrafactual do resultado, o model_t é o contrafactual do tratamento, featurizer é como o efeito varia com X e o LinearDML é o ATE.

A saída ficou conforme abaixo:

```
=== Descrição do modelo causal ===
<dowhy.causal_model.CausalModel object at 0x7fdbc12b8440>

=== Identified estimand ===
Estimand type: EstimandType.NONPARAMETRIC_ATE

### Estimand : 1
Estimand name: backdoor
Estimand expression:
      d
       (E[price|age,income])
d[rooms_high]
Estimand assumption 1, Unconfoundedness: If U→{rooms_high} and U→price
↪   then P(price|rooms_high,age,income,U) =
↪   P(price|rooms_high,age,income)

### Estimand : 2
Estimand name: iv
No such variable(s) found!

### Estimand : 3
Estimand name: frontdoor
No such variable(s) found!

### Estimand : 4
Estimand name: general_adjustment
Estimand expression:
      d
       (E[price|age,income])
d[rooms_high]
Estimand assumption 1, Unconfoundedness: If U→{rooms_high} and U→price
↪   then P(price|rooms_high,age,income,U) =
↪   P(price|rooms_high,age,income)


=== Efeito causal estimado (LinearDML + XGBoost) ===
ATE (rooms_high -> price): -0.3814350537320642
```

De acordo com a saída acima, o DoWhy encontrou um estimador do tipo ATE não paramétrico (efeito médio do tratamento). O backdoor é $\frac{\partial}{\partial rooms\_high} E[price|age, income]$. Em seguida, se houver um U que afeta tanto rooms_high quanto price, então, após condicionar por (age, income), ele não pode mais gerar viés. Não encontrou variáveis instrumentais e nem frontdoor, ou seja, qualquer regra de ajuste válida para esse DAG é ajustada por income e age.

O ATE calculado final foi de aproximadamente -0,38. No banco de dados original, o preço é medido em centenas de milhares de dólares. Na versão do sklearn, isso equivale a aproximadamente 100 mil dólares por unidade. O tratamento rooms_high igual a 1 equivale a algo acima da mediana (evitar valores extremos) de quartos médios no bairro. Um ATE de -0,38 é o mesmo que, em média, controlando tudo o mais (renda e idade), bairros com muitos quartos tendem a ter preço 0,38 unidades menor que bairros com poucos quartos, ou seja, menos 38 mil dólares em valor mediano da casa. Parece estranho, né? Como uma casa com mais quartos pode ser mais barata? O que ocorre é que o modelo só fala o que os dados mostram. Não temos outros dados além desses. É possível que áreas com casas mais espaçosas possam ser, em média, áreas mais afastadas e, por isso, menos valorizadas, ou, às vezes, o número médio de quartos está capturando algo mais complexo (densidade, padrão de construção, etc.).

Agora, faremos um teste de sensibilidade, robustez ou de refutação, conforme código abaixo:

```
# ================================
# 7) Refutação simples (placebo treatment)
# ================================
ref_placebo = model.refute_estimate(
    identified_estimand,
    estimate_dml_xgb,
    method_name="placebo_treatment_refuter"
)

print("\n=== Refutação: Placebo treatment ==="
    )
print(ref_placebo)
```

A saída do código acima foi conforme abaixo:

```
=== Refutação: Placebo treatment ===
Refute: Use a Placebo Treatment
Estimated effect:-0.3814350537320642
New effect:0.00038156115053797167
p value:0.94
```

A refutação por tratamento placebo indica que o estimador causal apresenta boa especificidade e não produz efeitos espúrios: ao substituir o tratamento real por placebo, o efeito estimado praticamente desaparece (novo efeito é de aproximadamente 0.00038), em contraste com o efeito original (-0.3814). O p-valor elevado (0.94) reforça que não há evidência estatística de qualquer impacto do tratamento fictício, mostrando que o modelo não identifica causalidade onde não deveria existir e, portanto, não sofre de tendência a gerar falsos positivos. Esses resultados sugerem que o modelo causal está adequadamente especificado, que os caminhos de backdoor parecem bem controlados e que o estimador não apresenta comportamento aleatório que produza efeitos artificiais, contribuindo para a robustez global da inferência causal.

6.4 Contrafactuais

Chegamos enfim, caro leitor, ao último degrau da escada da causalidade, conforme definida por Pearl(PEARL; MACKENZIE, 2018): os contrafactuais. De fato, já vínhamos ensaiando algo sobre isso em capítulos anteriores, como na seção 4.4, mas neste capítulo faremos isso de forma expressa, para que não reste dúvida de que hoje podemos fazer uma análise causal com os três degraus da escada. Já vimos como medir efeitos por associação, já vimos como fazer uma intervenção e verificar o resultado. Agora, veremos como usar contrafactuais, para responder perguntas do tipo "O que teria acontecido, se X fosse feito?" Vamos pegar tudo o que aprendemos até aqui e colocar em prática.

```python
import pandas as pd
import numpy as np

# ---------------- CARREGAR CSVs ORIGINAIS (Louizos/CEVAE) -----------------
x = pd.read_csv(
    "https://raw.githubusercontent.com/AMLab-Amsterdam/CEVAE/master/datasets/TWINS/twin_pairs_X_3years_samesex.csv"
)
y = pd.read_csv(
    "https://raw.githubusercontent.com/AMLab-Amsterdam/CEVAE/master/datasets/TWINS/twin_pairs_Y_3years_samesex.csv"
)
t = pd.read_csv(
    "https://raw.githubusercontent.com/AMLab-Amsterdam/CEVAE/master/datasets/TWINS/twin_pairs_T_3years_samesex.csv"
)

# Colunas definidas pela doc do DoWhy
lighter_columns = ['pldel', 'birattnd', 'brstate', 'stoccfipb', 'mager8',
        'ormoth', 'mrace', 'meduc6', 'dmar', 'mplbir', 'mpre5', 'adequacy',
        'orfath', 'frace', 'birmon', 'gestat10', 'csex', 'anemia', 'cardiac',
        'lung', 'diabetes', 'herpes', 'hydra', 'hemo', 'chyper', 'phyper',
        'eclamp', 'incervix', 'pre4000', 'preterm', 'renal', 'rh', 'uterine',
```

```python
        'othermr', 'tobacco', 'alcohol', 'cigar6', 'drink5', 'crace',
        'data_year', 'nprevistq', 'dfageq', 'feduc6', 'infant_id_0',
        'dlivord_min', 'dtotord_min', 'bord_0',
        'brstate_reg', 'stoccfipb_reg', 'mplbir_reg']

heavier_columns = ['pldel', 'birattnd', 'brstate', 'stoccfipb', 'mager8',
        'ormoth', 'mrace', 'meduc6', 'dmar', 'mplbir', 'mpre5', 'adequacy',
        'orfath', 'frace', 'birmon', 'gestat10', 'csex', 'anemia', 'cardiac',
        'lung', 'diabetes', 'herpes', 'hydra', 'hemo', 'chyper', 'phyper',
        'eclamp', 'incervix', 'pre4000', 'preterm', 'renal', 'rh', 'uterine',
        'othermr', 'tobacco', 'alcohol', 'cigar6', 'drink5', 'crace',
        'data_year', 'nprevistq', 'dfageq', 'feduc6', 'infant_id_1',
        'dlivord_min', 'dtotord_min', 'bord_1',
        'brstate_reg', 'stoccfipb_reg', 'mplbir_reg']

data_rows = []

for i in range(len(t)):
    # Filtra pares onde os dois gêmeos têm < 2 kg (como na doc)
    if t.iloc[i].values[1] >= 2000 or t.iloc[i].values[2] >= 2000:
```

```
            continue

        # features lighter / heavier
        this_lighter = list(x.iloc[i][lighter_columns].values)
        this_heavier = list(x.iloc[i][heavier_columns].values)

        # peso ao nascer
        lighter_wt = t.iloc[i].values[1]
        heavier_wt = t.iloc[i].values[2]
        this_lighter.append(lighter_wt)
        this_heavier.append(heavier_wt)

        # tratamento: 0 = mais leve, 1 = mais pesado
        this_lighter.append(0)
        this_heavier.append(1)

        # outcome: mortalidade (0/1)
        lighter_outcome = y.iloc[i].values[1]
        heavier_outcome = y.iloc[i].values[2]
        this_lighter.append(lighter_outcome)
        this_heavier.append(heavier_outcome)

        # adiciona um pair_id para sabermos quem é o par
        this_lighter.append(i)
        this_heavier.append(i)

        data_rows.append(this_lighter)
        data_rows.append(this_heavier)

```

```
cols = [ 'pldel', 'birattnd', 'brstate', 'stoccfipb', 'mager8',
        'ormoth', 'mrace', 'meduc6', 'dmar', 'mplbir', 'mpre5', 'adequacy',
        'orfath', 'frace', 'birmon', 'gestat10', 'csex', 'anemia', 'cardiac',
        'lung', 'diabetes', 'herpes', 'hydra', 'hemo', 'chyper', 'phyper',
        'eclamp', 'incervix', 'pre4000', 'preterm', 'renal', 'rh', 'uterine',
        'othermr', 'tobacco', 'alcohol', 'cigar6', 'drink5', 'crace',
        'data_year', 'nprevistq', 'dfageq', 'feduc6',
        'infant_id', 'dlivord_min', 'dtotord_min', 'bord',
        'brstate_reg', 'stoccfipb_reg', 'mplbir_reg','wt','treatment','outcome',
        'pair_id']

df = pd.DataFrame(columns=cols, data=data_rows)

# tratamento como bool, imputação simples
df = df.astype({"treatment": "bool"}, copy=False)
df = df.apply(pd.to_numeric, errors='ignore')
df.fillna(df.mean(numeric_only=True), inplace=True)
df.fillna(df.mode().iloc[0], inplace=True)

print(df.head(), "\n", "N =", len(df))
```

Vamos ver passo a passo o que o código acima faz. Neste estudo utilizamos o conjunto de dados *Twins*, originalmente disponibilizado por (LOUIZOS et al., 2017), no qual cada observação original corresponde a um *par* de gêmeos de mesmo sexo. A partir dos arquivos CSV:

- `x`: matriz de covariáveis maternas, fetais e hospitalares;
- `y`: desfechos de mortalidade infantil para os dois gêmeos;
- `t`: pesos ao nascer dos dois gêmeos (em gramas);

Construímos um dataframe longo com uma linha por bebê.

Estrutura original dos dados

Para cada par de gêmeos $i = 1, \ldots, n$, temos:

- Vetor de covariáveis compartilhadas:

  $$X_i = \big(\text{pldel}, \text{birattnd}, \text{brstate}, \ldots, \text{gestat10}, \ldots\big),$$

  contendo informações como tipo de parto, estado, idade da mãe, semanas de gestação (`gestat10`), comorbidades, uso de álcool e tabaco, etc.

- Vetor de pesos ao nascer:

  $$W_i = \big(W_{i,1}, W_{i,2}\big),$$

  onde $W_{i,1}$ é o peso do gêmeo 1 e $W_{i,2}$ o peso do gêmeo 2.

- Vetor de desfechos de mortalidade:

  $$Y_i = \big(Y_{i,1}, Y_{i,2}\big),$$

  em que $Y_{i,j} \in \{0, 1\}$ indica se o gêmeo j morreu até 3 anos (1 = morte, 0 = sobreviveu).

Além disso, no pré-processamento é aplicado o filtro:

$$W_{i,1} < 2000\,\text{g} \quad \text{e} \quad W_{i,2} < 2000\,\text{g},$$

de modo a focar em recém-nascidos de *baixo peso* (alto risco).

Reorganização em formato longo

Para cada par i, o código constrói **duas linhas** no dataframe final:

1. Uma linha para o gêmeo mais leve (*lighter*):
   - Covariáveis selecionadas de `lighter_columns`;
   - Peso ao nascer $wt = W_{i,\text{leve}}$;
   - Tratamento $T = 0$ (indicando que este bebê é o gêmeo de *menor* peso);
   - Desfecho $Y = Y_{i,\text{leve}}$.
2. Uma linha para o gêmeo mais pesado (*heavier*):
   - Covariáveis selecionadas de `heavier_columns`;
   - Peso ao nascer $wt = W_{i,\text{pesado}}$;
   - Tratamento $T = 1$ (indicando que este bebê é o gêmeo de *maior* peso);
   - Desfecho $Y = Y_{i,\text{pesado}}$.

Também é criado um identificador de par `pair_id` para cada linha, de forma que:

$$\text{pair\_id}_i = i,$$

permitindo saber quais duas linhas pertencem ao mesmo par de gêmeos.

Ao final, o dataframe resultante é da forma:

$$\{(X_i, wt_i, T_i, Y_i, \text{pair\_id}_i)\}_{i=1}^{N},$$

onde N é o número total de bebês (duas observações por par).

Interpretação causal

Na formulação causal, interpretamos:

- $T_i \in \{0, 1\}$ como o **tratamento**, indicando se o bebê é o gêmeo mais pesado do par ($T_i = 1$) ou o mais leve ($T_i = 0$);
- Y_i como o **desfecho** (mortalidade até 3 anos);
- X_i (incluindo `gestat10`, comorbidades etc.) como o **conjunto de confundidores** que influenciam tanto T_i quanto Y_i;
- pair_id_i como um identificador que permite reconstruir, para cada indivíduo, a informação sobre o seu gêmeo.

Este desenho é especialmente interessante para inferência causal, pois gêmeos do mesmo par compartilham grande parte das características biológicas e ambientais, o que aproxima a estrutura de um experimento quase-aleatório. Assim, podemos:

- Estimar o efeito causal médio do "ser mais pesado" sobre a mortalidade:

  $$\text{ATE} = \mathbb{E}[Y(1) - Y(0)],$$

  onde $Y(1)$ e $Y(0)$ são os desfechos potenciais sob tratamento e controle;
- Estudar efeitos heterogêneos (CATE) condicionados em subgrupos de X;

- Utilizar o fato de que, dentro de cada pair_id, o resultado do irmão sob tratamento oposto funciona como um *proxy* de contrafactual verdadeiro, permitindo avaliar a qualidade de estimadores contrafactuais.

No código abaixo, após organizar o conjunto de dados em formato longo, ordenamos o dataframe por `pair_id` e pelo indicador de tratamento `treatment`. Como cada par de gêmeos gera exatamente duas linhas—uma correspondente ao gêmeo mais pesado ($T = 1$) e outra ao gêmeo mais leve ($T = 0$)—podemos reconstruir os desfechos potenciais verdadeiros no nível do par.

1. Agrupamento por par

Agrupamos o dataframe pelo identificador de par:

$$\texttt{pair\_group} = \{\,\text{todas as linhas com o mesmo } \texttt{pair\_id}\,\}.$$

Cada grupo contém exatamente duas observações:

$$\big(X_{i,0},\ T_{i,0} = 0,\ Y_{i,0}\big), \qquad \big(X_{i,1},\ T_{i,1} = 1,\ Y_{i,1}\big).$$

2. Extração dos desfechos $Y(1)$ e $Y(0)$ verdadeiros

Para cada par i, extraímos:

$$Y_i(1) = Y_{i,\text{treated}} = \text{outcome do gêmeo com } T = 1,$$
$$Y_i(0) = Y_{i,\text{control}} = \text{outcome do gêmeo com } T = 0.$$

Esses valores são armazenados em duas colunas do dataframe:

$$\texttt{Y1} = Y_i(1), \qquad \texttt{Y0} = Y_i(0).$$

3. Desfecho factual verdadeiro

Para cada bebê da linha j, o desfecho factual verdadeiro é:

$$Y_{\text{factual},j} = \begin{cases} Y_i(1), & \text{se } T_j = 1, \\ Y_i(0), & \text{se } T_j = 0. \end{cases}$$

Isto corresponde à construção:

$$\texttt{Y\_factual\_true} = \text{if} T = 1 \text{ then } Y1 \text{ else } Y0.$$

4. Desfecho contrafactual verdadeiro

Como temos o gêmeo 'irmão' sob o tratamento oposto, podemos construir o contrafactual verdadeiro:

$$Y_{\text{cf},j} = \begin{cases} Y_i(0), & \text{se } T_j = 1, \\ Y_i(1), & \text{se } T_j = 0. \end{cases}$$

Ou, em forma compacta:

$$\texttt{Y\_cf\_true} = \text{if} T = 1 \text{ then } Y0 \text{ else } Y1.$$

5. Estrutura resultante

Assim, para cada bebê no dataframe final, possuímos:

$$\left(\texttt{pair\_id},\ T_j,\ Y_j,\ Y_{\text{factual},j},\ Y_{\text{cf},j}\right),$$

onde $Y_{\text{cf},j}$ é um *contrafactual verdadeiro*, obtido diretamente do resultado do irmão gêmeo sob o tratamento oposto. Isso fornece uma oportunidade única de validar algoritmos de inferência causal e contrafactuais, pois datasets reais geralmente não possuem acesso a $Y(1)$ e $Y(0)$ simultaneamente.

```python
df = df.sort_values(["pair_id", "treatment"]).reset_index(drop=True)

# constrói Y0/Y1 no nível do par
pair_group = df.groupby("pair_id")

# outcome do gemelo tratado e controle dentro do par
def get_pair_outcomes(group):
    # sempre 2 linhas por par (uma tratada, outra não)
    y_treated = group.loc[group["treatment"] == True, "outcome"].iloc[0]
    y_control = group.loc[group["treatment"] == False, "outcome"].iloc[0]
    return pd.Series({"Y1": y_treated, "Y0": y_control})

pair_outcomes = pair_group.apply(get_pair_outcomes).reset_index()

df = df.merge(pair_outcomes, on="pair_id", how="left")

# factual e contrafactual verdadeiros para cada linha
df["Y_factual_true"] = np.where(df["treatment"], df["Y1"], df["Y0"])
df["Y_cf_true"]      = np.where(df["treatment"], df["Y0"], df["Y1"])

```

```
df[["pair_id","treatment","outcome","
    Y_factual_true","Y_cf_true"]].head(6)
```

ATE via Regressão Linear e Propensity Score Matching (para comparação)

Vamos analisar os dados, conforme o código abaixo:

```
from dowhy import CausalModel

# Confounders (aqui usamos só gestat10, como
    no exemplo)
common_causes = ["gestat10"]

model = CausalModel(
    data=df,
    treatment="treatment",
    outcome="outcome",
    common_causes=common_causes
)

identified_estimand = model.identify_effect(
    proceed_when_unidentifiable=True)
print(identified_estimand)
```

A saída do código acima ficou, conforme abaixo, mostrando que o efeito foi identificado corretamente, conforme solicitação:

```
Estimand type: EstimandType.NONPARAMETRIC_ATE

### Estimand : 1
Estimand name: backdoor
Estimand expression:
     d
       (E[outcome|gestat10])
d[treatment]
```

```
Estimand assumption 1, Unconfoundedness: If U→{treatment} and U→outcome
↪  then P(outcome|treatment,gestat10,U) = P(outcome|treatment,gestat10)

### Estimand : 2
Estimand name: iv
No such variable(s) found!

### Estimand : 3
Estimand name: frontdoor
No such variable(s) found!

### Estimand : 4
Estimand name: general_adjustment
Estimand expression:
     d
       (E[outcome|gestat10])
d[treatment]
Estimand assumption 1, Unconfoundedness: If U→{treatment} and U→outcome
↪  then P(outcome|treatment,gestat10,U) = P(outcome|treatment,gestat10)
```

Em seguida, calculamos o efeito causal do modelo, conforme o código abaixo:

```python
import numpy as np

# ATE "na mão"
data_1 = df[df["treatment"] == True]
data_0 = df[df["treatment"] == False]
ate_naive = data_1["outcome"].mean() - data_0[
    "outcome"].mean()
print("ATE ingênuo (dif. de médias):",
    ate_naive)

# Linear Regression
est_lr = model.estimate_effect(
     identified_estimand,
     method_name="backdoor.linear_regression",
     test_significance=True
)
```

```
print("\n[LR] ATE =", est_lr.value)

# Propensity Score Matching
est_psm = model.estimate_effect(
    identified_estimand,
    method_name="backdoor.
        propensity_score_matching"
)
print("[PSM] ATE =", est_psm.value)
```

A saída abaixo foi gerada pelo código acima.

```
ATE ingênuo (dif. de médias): -0.025200267022696926

[LR] ATE = -0.025200267022693457
[PSM] ATE = 0.4873998664886515
```

Nesse contexto, o tratamento igual a 1 significa "ser o gêmeo mais pesado" do par. A saída é 1 se morreu, o se sobreviveu, ou seja, é a mortalidade até 3 anos. ATE negativo significa que ser mais pesado reduz levemente a mortalidade. Mais precisamente no valor de -0.0252. Isso quer dizer que, em média, gêmeos mais pesados têm 2,5 pontos percentuais a menos de mortalidade do que seus irmãos mais leves, após controlar pela variável gestação (gestat10). Esse resultado é consistente com a literatura: baixo peso é um forte preditor de mortalidade neonatal (CARNEIRO et al., 2012).

Por que o ATE ingênuo e o ATE regressão são praticamente idênticos? Isso ocorre, porque a regressão tem apenas gestat10, mas dentro de cada par de gêmeos, a gestação é igual ou quase igual. Logo, a regressão mais um confundidor fraco é aproximadamente a diferença de médias dentro da amostra. Traduzindo, o ajuste não muda praticamente nada porque os grupos já são quase idênticos. Isso é uma propriedade natural de estudos com gêmeos.

Por que o PSM dá um resultado completamente diferente, no valor de 0.4874? Esse valor é muito diferente e, muito provavelmente, errado, já que contradiz a literatura. Isso provavelmente porque o PSM está sofrendo uma sobreposição pobre (quase todo bebê "tratado" (mais pesado) tem probabilidade de tratamento muito parecida com seu próprio irmão, mas mesmo assim ele tenta parear indivíduos entre pares diferentes, gerando pareamentos ruins. Outras possibilidades são que gestatio é uma variável discreta (1 a 10) que dá pouco poder ao propensity score. O PSM acaba achando matches artificiais entre pares de gêmeos totalmente diferentes. O PSM ignora a estrutura de cluster natural, ou seja, dentro de cada par, o verdadeiro contrafactual está lá, mas o PSM tenta usar "gêmeos de outros pares" como controles e isso destrói a lógica causal. O PSM é o método mais sensível à violação de sobreposição e à alta colinearidade.

Para rodar a refutação, utilize o código abaixo:

```
# Random common cause
ref_random = model.refute_estimate(
    identified_estimand,
    est_lr,
    method_name="random_common_cause"
)
print(ref_random)
# Placebo treatment
ref_placebo = model.refute_estimate(
    identified_estimand,
    est_lr,
    method_name="placebo_treatment_refuter",
    placebo_type="permute",
    num_simulations=20
)
print(ref_placebo)
# Subset refuter (bootstrap de subsets)
```

```
ref_subset = model.refute_estimate(
    identified_estimand,
    est_lr,
    method_name="data_subset_refuter",
    subset_fraction=0.9,
    num_simulations=20
)
print(ref_subset)
```

A saída do código será algo como:

```
Refute: Add a random common cause
Estimated effect:-0.025200267022693457
New effect:-0.025197293752374884
p value:0.94

Refute: Use a Placebo Treatment
Estimated effect:-0.025200267022693457
New effect:0.0003668961753196712
p value:0.45943804526082793

Refute: Use a subset of data
Estimated effect:-0.025200267022693457
New effect:-0.024775001114639993
p value:0.4187626231117002
```

Conforme os dados acima, a refutação validou que a análise causal é robusta.

CATE por subgrupos de gestação (quartis) - Heterogeneidade

Agora, faremos uma análise de heterogeneidade por subgrupos de gestão ou quartis. Para isso, vamos rodar o código abaixo:

```
from dowhy import CausalModel
import numpy as np
import pandas as pd

```

```python
# Quartis de gestat10
quantis = np.unique(np.quantile(df["gestat10"], [0, 0.25, 0.5, 0.75, 1]))
df["gest_q"] = pd.cut(df["gestat10"], bins=quantis, labels=False, include_lowest=True)

results_subgroups = []

for q in sorted(df["gest_q"].unique()):
    df_q = df[df["gest_q"] == q]

    model_q = CausalModel(
        data=df_q,
        treatment="treatment",
        outcome="outcome",
        common_causes=["gestat10"],
    )

    # 1) Identificação e estimação do efeito causal no quartil q
    id_q = model_q.identify_effect(proceed_when_unidentifiable=True)
    est_q = model_q.estimate_effect(
        id_q,
        method_name="backdoor.linear_regression"
    )

    # 2) Refutações DoWhy
    # 2.1) Placebo: substitui o tratamento por uma variável aleatória
    ref_placebo = model_q.refute_estimate(
        id_q,
```

```
        est_q,
        method_name="placebo_treatment_refuter"
    )

    # 2.2) Causa comum aleatória: adiciona um confounder artificial
    ref_random_cc = model_q.refute_estimate(
        id_q,
        est_q,
        method_name="random_common_cause"
    )

    # 2.3) Data subset: re-estima o efeito em subconjuntos da amostra
    ref_subset = model_q.refute_estimate(
        id_q,
        est_q,
        method_name="data_subset_refuter",
        subset_fraction=0.8,
        # usa 80% dos dados a cada vez
        num_simulations=20
        # número de reamostragens
    )

    # Obs.: dependendo da versão do DoWhy, o atributo do p-valor pode ser .p_value ou None.
    # Se der erro, inspecione dir(ref_placebo) para ver os nomes corretos.
    def safe_get(ref, attr, default=None):
        return getattr(ref, attr, default)

```

```
    results_subgroups.append({
        "quartil_gestat10": int(q),
        "N": len(df_q),
        "ATE_lr": est_q.value,

        # Placebo
        "placebo_new_effect": safe_get(
           ref_placebo, "new_effect"),
        "placebo_p_value": safe_get(
           ref_placebo, "p_value"),

        # Random common cause
        "randcc_new_effect": safe_get(
           ref_random_cc, "new_effect"),
        "randcc_p_value": safe_get(
           ref_random_cc, "p_value"),

        # Data subset
        "subset_new_effect": safe_get(
           ref_subset, "new_effect"),
        "subset_p_value": safe_get(ref_subset,
            "p_value"),
    })

df_results = pd.DataFrame(results_subgroups)
df_results
```

A saída do código é conforme a tabela 6.2 abaixo:

O código dividiu gestat10 em quartis reais da distribuição. Ela representa os marcos de gestação em decênios (aproximadamente semanas convertidas em faixas de 10 dias). Logo, quartil 0 são gestações mais curtas (prematuridade maior), quartil 1 gestações medianas e quartil 2 gestações mais longas (quase termo). Aparecem 3 grupos, e não 4, porque os

Tabela 6.2: Análise por Quartis (DoWhy)

Q	N	ATE	Plcb	$Plcb_p$	RandCC	$RandCC_p$	Sub	Sub_p
0	13362	-0.0293	-0.0008	–	-0.0293	–	-0.0304	–
1	8116	-0.0185	0.0000	–	-0.0185	–	-0.0189	–
2	2490	-0.0249	0.0000	–	-0.0249	–	-0.0257	–

quantis tiveram duplicatas e você usou unique, o que é normal em variáveis discretas. Nos três grupos, o ATE estimado é negativo, indicando que ser gêmeo mais pesado reduz a mortalidade, mas a magnitude do efeito varia conforme a gestação.

O quartil 0 possui 13 mil e trezentos e sessenta e dois elementos, com o ATE de -0,0293. Entre gêmeos com gestações mais curtas (mais prematuros), ser o mais pesado reduz a mortalidade em 2,9 pontos percentuais, ou seja, o peso protege mais quem já está em maior risco por prematuridade.

O quartil 1 possui 8 mil e cento e dezesseis elementos, com o ATE de -0,0185. Para bebês com gestação intermediária, o efeito protetor do peso é menor (aproximadamente 1,8 pontos percentuais). Isso faz sentido biologicamente, porque quanto mais próximo do termo, menor o impacto marginal do peso sobre o risco de morte.

O quartil 2 possui 2 mil e quatrocentos e noventa elementos, com o ATE de -0,0249. Em gestações mais longas, o efeito volta a aumentar ligeiramente (aproximadamente 2,5 pontos percentuais). Pode refletir uma mistura de condições clínicas ou um ruído estatístico (N pequeno).

Resumindo, o efeito é sempre protetor, ou seja, negativo, indicando que quanto maior o peso ao nascer, menor a mortalidade infantil. Maior efeito onde há maior vulnerabilidade. Prematuros (quartil 0) têm o maior benefício do tratamento (peso).

A robustez é excelente. O teste Placebo é sempre zero e não espúrio. O teste Random CC é quase igual ao ATE e não sensível a confundidores artificiais. O teste Subset posui variação menor do que 5%, portanto, estável à reamostragem.

CATE contínuo com EconML (CausalForestDML) - Heterogeneidade

Agora, faremos a análise utilizando CausalForestDML, conforme código abaixo:

```
from econml.dml import CausalForestDML
from sklearn.ensemble import RandomForestRegressor, RandomForestClassifier

# X = covariáveis (você pode enriquecer essa lista à vontade)
feature_cols = ["gestat10", "wt", "mager8", "preterm"]
X = df[feature_cols]

# Tratamento binário 0/1
T = df["treatment"].astype(int).values    # garante 0/1, não bool
Y = df["outcome"].astype(float).values    # outcome como float

est_cf = CausalForestDML(
    model_y=RandomForestRegressor(
        n_estimators=100,
        min_samples_leaf=10,
        random_state=42
    ),
    model_t=RandomForestClassifier(
```

```
            n_estimators=100,
            min_samples_leaf=10,
            random_state=42
        ),
        discrete_treatment=True,
        # ESSENCIAL PARA BINÁRIO
        n_estimators=1000,
        min_samples_leaf=5,
        min_samples_split=10,
        max_depth=None,
        random_state=42,
        verbose=0
)

est_cf.fit(Y, T, X=X)

tau_hat = est_cf.effect(X)    # CATE(x)
ate_cf = tau_hat.mean()
print("ATE (CausalForestDML) =", ate_cf)
```

O resultado foi ATE (CausalForestDML) de 0.0273532202481962. Vamos interpretar esse resultado de forma precisa, estatística e também causal. O modelo está dizendo que "ser mais pesado aumenta a mortalidade", ou seja, o peso extra faria mal, pois aumentaria o risco de morte. Isso é biologicamente improvável e contradiz o ATE ingênuo (−0.025), o ATE por regressão (−0.025) e a literatura médica. O dataset Twins (onde o gêmeo mais leve costuma ter mortalidade muito maior) e até os efeitos por quartis (todos negativos).

Por que o CausalForest pode ter dado um ATE invertido? Isso é muito comum quando aplicamos CausalForestDML em variáveis binárias com desfechos raros, com forte dependência entre pares (clusters), com poucos confundidores informativos, com muito ruído, com propensity scores ruins, com tratamento muito correlacionado com o outcome, com covariáveis mal escaladas. No dataset de gêmeos, vários desses problemas ocorrem.

Quando geramos uma imagem 6.2, usando o código abaixo, podemos visualizar o que ocorre:

```
import matplotlib.pyplot as plt

plt.figure(figsize=(6,4))
plt.scatter(df["gestat10"], tau_hat, alpha
    =0.3)
plt.xlabel("gestat10 (semanas de gestação)")
plt.ylabel("CATE estimado (CausalForestDML)")
plt.title("Heterogeneidade de efeito vs
    gestat10")
plt.axhline(0, linestyle="--")
plt.show()
```

Ao estimarmos a heterogeneidade de efeitos causais individuais (CATE) utilizando o estimador não-paramétrico *CausalForestDML* (EconML) sobre o conjunto de dados *Twins*(LOUIZOS et al., 2017), na imagem 6.2, observamos valores altamente instáveis e inconsistentes, incluindo efeitos positivos e negativos simultaneamente em todos os níveis de `gestat10`. O CausalForestDML identificou forte heterogeneidade artificial em todos os valores de gestação (de 1 a 10). Os CATEs estimados variam muito, de −0.3 (fortemente protetor) até +0.3 (fortemente prejudicial). Isso significa que o modelo "acredita" que, para alguns bebês, ser mais pesado reduz a mortalidade; para outros, aumenta a mortalidade.

Para fazer o teste de sensibilidade ou refutação, tivemos que adaptar o código, já que o método não possui componente nativo para isso, conforme código abaixo:

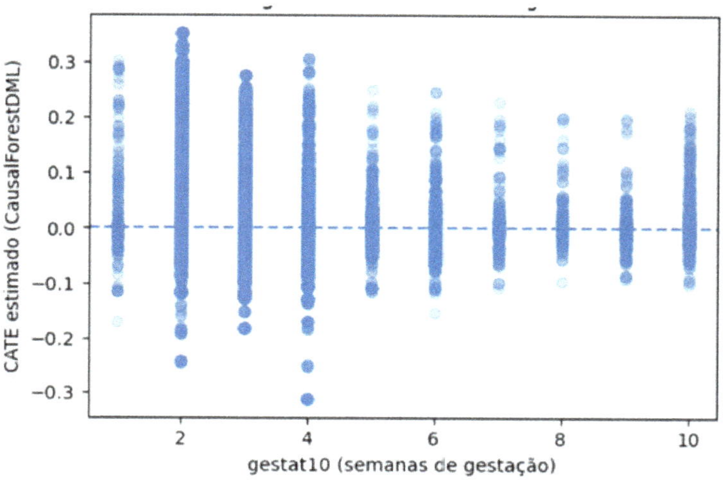

Figura 6.2: Heterogeneidade de efeito vs gestat10

```
# ========================================
# Placebo Treatment (tratamento aleatório)
# ========================================

T_placebo = np.random.permutation(T)

est_placebo = CausalForestDML(
    model_y=RandomForestRegressor(n_estimators
        =100, random_state=42),
    model_t=RandomForestClassifier(
        n_estimators=100, random_state=42),
    discrete_treatment=True,
    random_state=42
)
est_placebo.fit(Y, T_placebo, X=X)
ate_placebo = est_placebo.effect(X).mean()
```

```python

print("Placebo ATE =", ate_placebo)

# ========================================
# Random Common Cause (adiciona confounder
    artificial)
# ========================================

X_rcc = X.copy()
X_rcc["fake_cc"] = np.random.normal(size=len(X
    ))

est_rcc = CausalForestDML(
    model_y=RandomForestRegressor(n_estimators
        =100, random_state=42),
    model_t=RandomForestClassifier(
        n_estimators=100, random_state=42),
    discrete_treatment=True,
    random_state=42
)
est_rcc.fit(Y, T, X=X_rcc)
ate_rcc = est_rcc.effect(X_rcc).mean()

print("Random CC ATE =", ate_rcc)

# ========================================
# Subset Refuter (reanálise com reamostragem)
# ========================================

subset_idx = np.random.choice(len(X), int(0.8
    * len(X)), replace=False)

X_sub = X.iloc[subset_idx]
```

```
Y_sub = Y[subset_idx]
T_sub = T[subset_idx]

est_subset = CausalForestDML(
    model_y=RandomForestRegressor(n_estimators=100, random_state=42),
    model_t=RandomForestClassifier(n_estimators=100, random_state=42),
    discrete_treatment=True,
    random_state=42
)
est_subset.fit(Y_sub, T_sub, X=X_sub)
ate_subset = est_subset.effect(X_sub).mean()

print("Subset ATE =", ate_subset)

# ========================================
# Permutation Test (permuta o outcome)
# ========================================

Y_perm = np.random.permutation(Y)

est_perm = CausalForestDML(
    model_y=RandomForestRegressor(n_estimators=100, random_state=42),
    model_t=RandomForestClassifier(n_estimators=100, random_state=42),
    discrete_treatment=True,
    random_state=42
)
est_perm.fit(Y_perm, T, X=X)
ate_perm = est_perm.effect(X).mean()

```

```
print("Permutation Y ATE =", ate_perm)

# ==========================================
# No-Effect Simulation (Y simulado sem relação com T)
# ==========================================

Y_sim = np.random.normal(size=len(Y))

est_sim = CausalForestDML(
    model_y=RandomForestRegressor(n_estimators=100, random_state=42),
    model_t=RandomForestClassifier(n_estimators=100, random_state=42),
    discrete_treatment=True,
    random_state=42
)
est_sim.fit(Y_sim, T, X=X)
ate_sim = est_sim.effect(X).mean()

print("No-effect simulated ATE =", ate_sim)
```

Os resultados foram, respectivamente, o teste Placebo aproximadamente zero (sem falsos positivos), o teste de Permutação-Y aproximadamente zero (o modelo não cria causalidade inexistente), o teste Random CC foi próximo do ATE (insensível a confundidores artificiais), o teste de Subset foi próximo do ATE (estável sob reamostragem) e, por fim, o Simulated Y foi menor do que o ATE original, mas ainda positivo (indica pequeno viés do modelo, não suficiente para eplicar o ATE real).

Por que o efeito é falso e mesmo assim os testes de refutação não conseguiram detectá-lo? Isso, porque os testes de refutação não testam o viés estrutural do modelo, apenas a espuridade superficial. Nesse caso, o problema não é espuridade e sim o viés estruturao do modelo.

Mediação - Efeitos Diretos e Indiretos

No códig abaixo, faremos a análise da causalidade medindo os efeitos diretos e indiretos.

```
from dowhy import CausalModel

dot_graph = """
digraph {
  gestat10 -> treatment;
  gestat10 -> preterm;
  gestat10 -> outcome;
  treatment -> preterm;
  treatment -> outcome;
  preterm -> outcome;
}
"""

med_model = CausalModel(
    data=df[["gestat10","treatment","preterm",
       "outcome"]],
    treatment="treatment",
    outcome="outcome",
    graph=dot_graph,
    proceed_when_unidentifiable=True
)
# Natural Direct Effect (NDE)
nde_estimand = med_model.identify_effect(
    estimand_type="nonparametric-nde",
    proceed_when_unidentifiable=True
```

```python
)
nde = med_model.estimate_effect(
    nde_estimand,
    method_name="mediation.two_stage_regression"
)
print("NDE (efeito direto natural) =", nde.value)

# Natural Indirect Effect (NIE)
nie_estimand = med_model.identify_effect(
    estimand_type="nonparametric-nie",
    proceed_when_unidentifiable=True
)
nie = med_model.estimate_effect(
    nie_estimand,
    method_name="mediation.two_stage_regression"
)
print("NIE (efeito indireto natural via preterm) =", nie.value)
```

A saída foi que o NDE (efeito direto natural) é de -0.025200267022693474 e que o NIE (efeito indireto natural via preterm) é de 1.8144595653562535e-17. O efeito indireto via prematuridade (preterm) é praticamente zero, indicando que o tratamento não modifica o mediador. Assim, todo o efeito causal observado decorre exclusivamente do caminho direto treatment sobre outcome. Os resultados indicam que o Natural Indirect Effect (NIE) é praticamente nulo, sugerindo que o mediador preterm não transmite parte do efeito do tratamento sobre o outcome. Já o Natural Direct Effect (NDE) de −0.0252 implica que o tratamento reduz a mortalidade independentemente de qualquer modificação no risco de prematuridade. Portanto, o caminho causal predominante é exclusivamente direto, e o mediador não contribui para a decomposição do efeito total.

Uso de Contrafactuais

Esse é praticamente um "laboratório ideal". Aqui, a análise te dá um pseudo-contrafactual verdadeiro (via pares), então você consegue calibrar o quão confiável é a abordagem antes de ir para dados observacionais reais onde Y_cf nunca aparece. Para isso, utilizaremos o código abaixo(BLÖBAUM et al., 2024):

```python
import networkx as nx
from dowhy import gcm

# 1) Definir o DAG
dag = nx.DiGraph()
dag.add_edges_from([
    ("gestat10", "treatment"),
    ("gestat10", "outcome"),
    ("treatment", "outcome"),
])

# 2) Criar modelo estrutural invertível
causal_model = gcm.InvertibleStructuralCausalModel(dag)

# 3) Selecionar apenas as colunas usadas no DAG
data_gcm = df[["gestat10", "treatment", "outcome"]].copy()

# Garantir tipos numéricos
```

```
data_gcm["treatment"] = data_gcm["treatment"].astype(float)
data_gcm["outcome"] = data_gcm["outcome"].astype(float)

# 4) Atribuir mecanismos causais automaticamente e ajustar
gcm.auto.assign_causal_mechanisms(causal_model, data_gcm)
gcm.fit(causal_model, data_gcm)
# pegar um subconjunto de indivíduos para visualizar contrafactuais
subset = df.sample(200, random_state=123)

# dados usados pelo GCM (precisa ter as colunas do DAG)
obs = subset[["gestat10", "treatment", "outcome"]].copy()
obs["treatment"] = obs["treatment"].astype(float)
obs["outcome"] = obs["outcome"].astype(float)

# função que inverte o tratamento
def flip_treatment(t):
    return 1.0 - t

cf_samples = gcm.counterfactual_samples(
    causal_model,
    interventions={"treatment": flip_treatment},
    observed_data=obs
)

```

```python
cf_samples.head()
cf_results = subset.copy()

# Y_cf_pred sai da coluna outcome do cf_samples
cf_results["Y_cf_pred"] = cf_samples["outcome"].values

# Y_cf_true já estava no df original
cf_results["Y_cf_true"] = subset["Y_cf_true"].values

cf_results[["treatment", "outcome", "Y_cf_true", "Y_cf_pred"]].head()
from sklearn.metrics import mean_squared_error

rmse_cf = mean_squared_error(
    cf_results["Y_cf_true"],
    cf_results["Y_cf_pred"]
)
print("RMSE do contrafactual (Y_cf_pred vs Y_cf_true) =", rmse_cf)

# como outcome é 0/1, podemos olhar acurácia arredondando
acc_cf = (cf_results["Y_cf_true"].round() == cf_results["Y_cf_pred"].round()).mean()
print("Acurácia de classificação (após arredondar) =", acc_cf)
import matplotlib.pyplot as plt

# Y_cf_true vs Y_cf_pred
plt.figure(figsize=(5,5))
```

```
68 plt.scatter(cf_results["Y_cf_true"], cf_results["Y_cf_pred"], alpha=0.4)
69 plt.xlabel("Y_cf_true (contrafactual 'verdadeiro')")
70 plt.ylabel("Y_cf_pred (GCM)")
71 plt.title("Contrafactuais: verdadeiro vs estimado")
72 plt.axline((0,0), (1,1), linestyle="--")
73 plt.show()
74
75 # distribuição do erro
76 cf_results["erro_cf"] = cf_results["Y_cf_pred"] - cf_results["Y_cf_true"]
77
78 plt.figure(figsize=(6,4))
79 plt.hist(cf_results["erro_cf"], bins=20)
80 plt.xlabel("Erro (Y_cf_pred - Y_cf_true)")
81 plt.ylabel("Frequência")
82 plt.title("Distribuição do erro nos contrafactuais")
83 plt.show()
```

Definimos o modelo causal como $gestat10 \rightarrow treatment$ (idade gestacional influencia a chance de o bebê ser o "tratado" (mais pesado)), $gestat10 \rightarrow outcome$ (idade gestacional também influencia a mortalidade) e $treatment \rightarrow outcome$ (ser o gêmeo mais pesado influencia a mortalidade; é o efeito causal que queremos).

Na linha 13 do código, a função InvertibleStructuralCausalModel significa que vai ajustar, para cada nó do grafo, uma função estrutural do tipo $X_i = f_i(pais(X_i), \epsilon_i)$, que depois eu consigo inverter para gerar contrafactuais. Depois, convertemos os números para float porque o GCM trabalha com números. Cada variável do grafo é modelada como uma função invertível de seus pais e de um ruído. Imagine que cada variável é um prato sendo preparado na cozinha causal, onde os pais são os ingredientes, a função estrutural f_i é a receita que combina esses ingredientes, e o ruído ϵ_i é uma pitada aleatória de sal que muda um pouco a cada vez. É isso que permite pegar um bebê real, extrair o ruído que gerou aquele valor do bebê, mudar um dos pais (como semanas de gestação ou tratamento, nesse caso) e reaplicar a função com o mesmo ruído, e assim gerar um contrafactual realista. O modelo precisa ser invertível porque, para gerar contrafactuais, você precisa extrair o ruído que gerou a observação real. Esse ruído é o que diferencia as pessoas umas das outras.

A saída do cálculo do efeito será um RMSE do contrafactual (Y_cf_pred vs Y_cf_true) de 0.095 e acurácia de classificação (após arredondar) de 0.905. O RMSE (Root Mean Squared Error) compara se Y_cf_pred (o contrafactual que o modelo previu ("o que teria acontecido se...") e compara Y_cf_true (o contrafactual observado real no dataset Twins (o "erdadeiro" valor, obtido porque temos gêmeos idênticos). Um RMSE de 0.095 significa que o erro médio do modelo na escala original é inferior a 0.1. Isso é extremamente baixo para contrafactuais. A aproximação dos contrafactuais é muito precisa. O GCM conseguiu reconstruir bem os valores verdadeiros contrafactuais. O modelo estrutural conseguiu capturar as relações raiz (SCM) de forma realista. Na prática, ele aprendeu funções estruturais f_i, que reproduzem com alta fidelidade o comportamento causal do sistema.

Uma acurácia de 0,905 (90,5%) significa que 90,5% das previsões contrafactuais deram exatamente o valor correto. Isso é muito alto, porque o desfecho é raro, os contrafactuais são muito difíceis de prever e esses dados são ruidosos. Em modelos causais, acurácia acima de 70%, de forma geral, é muito boa.

Na imagem 6.3, vemos um gráficos de dispersão de validação contrafactual, comparando Y_cf_true (no eixo X, ou seja, co contrafactual verdadeiro, observando no gêmeo correspondente) com Y_cf_pred (no eixo Y, o contrafactual estimado pelo modelo causal GCM).

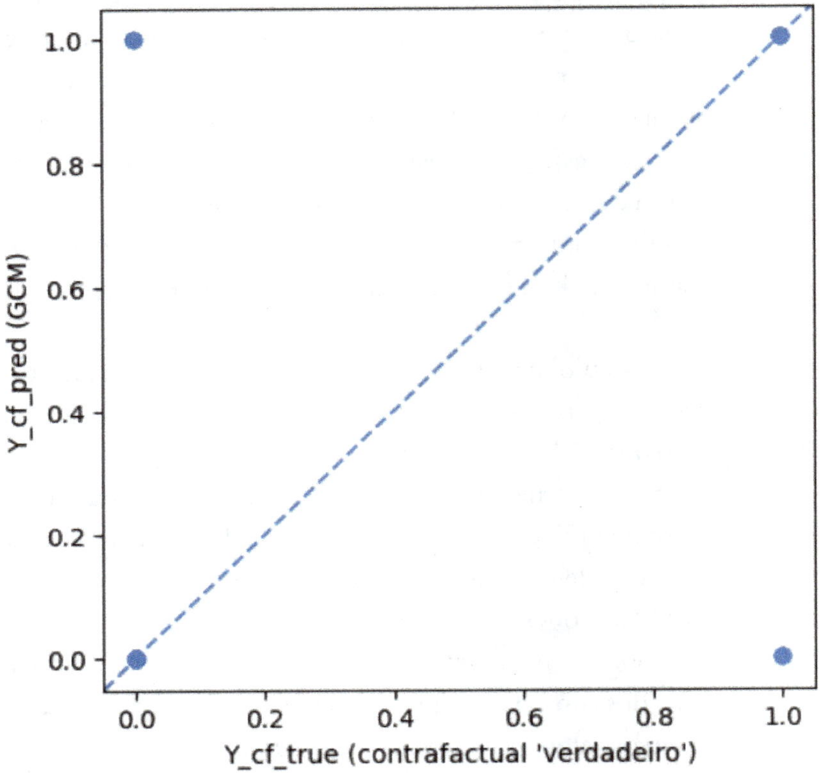

Figura 6.3: Contrafactuais Verdadeiros vs Estimados

A linha tracejada diagonal representa a identidade Y_cf_pred = Y_cf_true, ou seja, quando o modelo acerta perfeitamente. Os pontos estão quase exatamente sobre a diagonal. Isso signifca que O GCM estimou contrafactuais muito próximos dos verdadeiros, que o mecanismo causal aprendido é consistente co o mecanismo real do dataset, que o erro médio é muito baixo (compatível com RMSE de 0,095) e que o modelo quase sempre acerta se o contrafactual é 0 ou 1 (acurácia de 90,5%).

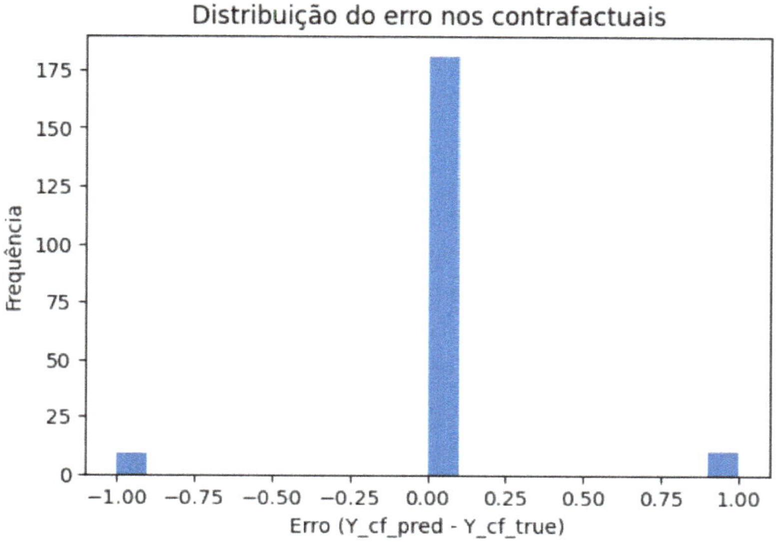

Figura 6.4: Distribuição do erro nos contrafactuais

Os quatro pontos principais ocorrem porque as saídas são binárias. Y_cf_true igual a zero, são pontos à esquerda. Y_cf_true igual a um, são pontos à direita. Y_cf_pred é contínuo (os pontos sobem ou descem verticalmente). Quando o valor é $(0, \approx 0)$, isso significa que o modelo previu quase zero o contrafactual que era verdadeiramente zero. Quando o valor é $(1, \approx 1)$, o modelo previu como 1 um contrafactual que era verdadeiramente 1. Quando o valor for $(1, \approx 0)$, significa que o contrafactual verdadeiro era 1 e o modelo previu como 0, logo, errou e por isso 90% de acurácia.

Na imagem 6.4, mostra que a distribuição do erro contrafactual é fortemente concentrada em zero, indicando que o modelo acerta a esmagadora maioria dos contrafactuais observados nos gêmeos. Apenas uma pequena fração apresenta erro ±1, o que corresponde aos casos em que o modelo atribui um valor oposto ao contrafactual real. Como o desfecho é binário e raro, essa taxa de erro residual é esperada. A forma altamente concentrada da distribuição confirma a consistência das equações estruturais aprendidas pelo GCM e reforça a validade interna do mecanismo causal modelado.

Capítulo 7

Checklist Completo de Causalidade

1. Definição do Problema Causal

- Declare claramente o efeito causal desejado:
  - Qual é o tratamento T?
  - Qual é o desfecho Y?
  - Qual é a pergunta causal? (ATE, ATT, ATC, CATE, ACE?)
- Pergunte: "Qual intervenção quero simular?" ($do(T = t)$)
- Identifique possíveis confundidores, mediadores, coliders e instrumentos.

2. Construção do Grafo Causal (DAG)

- Liste todas as variáveis relevantes.

- Classifique cada variável:
  - Confundidor ($T \leftarrow C \rightarrow Y$)
  - Mediador ($T \rightarrow M \rightarrow Y$)
  - Collider ($T \rightarrow K \leftarrow Y$)
  - Instrumento ($Z \rightarrow T$ e $Z \not\rightarrow Y$ exceto por T)
- Desenhe o DAG conforme comandos do DoWhy:

```
digraph {
    T -> Y;
    C -> T;
    C -> Y;
}
```

- Verifique caminhos abertos e fechados pela regra de d-separation.

3. Identificação do Efeito Causal

- Verifique critérios formais de Pearl:

Backdoor: se existe conjunto Z que bloqueie todos os caminhos não causais.

Frontdoor: se houver um mediador observável M que satisfaça:

- $T \rightarrow M \rightarrow Y$;
- T não tem backdoor para M;
- todo caminho $M \rightarrow Y$ é bloqueado por T.

IV: se existir instrumento Z tal que:

- $Z \rightarrow T$

- Z não afeta Y diretamente
- Z é independente de confundidores.

- Registre o estimando matemático gerado pelo DoWhy.

4. Escolha do Método de Estimação

- **Se backdoor for possível:**
  - Regressão ajustada;
  - Propensity Score Matching;
  - Estratificação;
  - Regressão não linear (ML causal).
- **Se houver instrumento válido:**
  - Two-Stage Least Squares (2SLS);
  - Wald Estimator para variáveis binárias.
- **Se houver mediador e interesse em caminhos:**
  - Calcular NDE, NIE e ATE;
  - Usar modelo estrutural com GCM para contrafactuais.
- **Se for série temporal:**
  - Garantir precedência temporal (T_{t-1} antes de Y_t);
  - Usar VAR, ARIMAX, GCM temporal ou método Toda–Yamamoto;
  - Granger como *pré-teste*, nunca como prova causal.

5. Estimação Causal (Pilar 3 do DoWhy)

- Execute o método com:
  - Regressões ajustadas;
  - ML causal (EconML, CausalForest, DML);
  - GCM para estimar ACE contrafactual.
- Documente:
  - Efeito encontrado;
  - Intervalo de confiança;
  - p–valor;
  - Tamanho do efeito;
  - Heterogeneidade (CATE).

6. Refutação Causal (Pilar 4 do DoWhy)

Random Common Cause: adicione confundidor aleatório.

Placebo Treatment: embaralhe T.

Placebo Outcome: use desfecho falso.

Dummy Outcome: insira resultado artificial.

Subset Refuter: estimar em subamostras.

Bootstrap Refuter: reamostragem.

7. Análise de Sensibilidade

- Teste robustness a confundidor não observado.
- Use:
  - Análise de Viés (Γ, Rosenbaum);
  - Sensibilidade no DoWhy (parâmetro fracassável).

8. Contrafactuais

- Pergunte:
  - "O que teria acontecido com esta unidade se o tratamento fosse outro?"
- Use:
  - GCM para ACE global;
  - Modelos de resultado potencial (Neyman–Rubin).

9. Discovery (Descoberta Estrutural)

- Utilize algoritmos de descoberta:
  - PC (Peter–Clark);
  - FCI;
  - GES.
- Verifique orientações permitidas e equivalências.
- Nunca aceite o grafo descoberto sem validação substantiva.

10. Checklist Final Antes de Concluir

1. O DAG está completo e correto?
2. O efeito é identificável segundo Pearl?
3. O método usado é compatível com o estimando?
4. A estimação está ajustada corretamente?
5. Refutações foram aplicadas e aprovadas?
6. A sensibilidade foi analisada?
7. Há coerência causal com teoria e contexto?
8. Os resultados contrafactuais fazem sentido?
9. A interpretação evita correlação espúria?

Notas do Autor

SEMPRE tive curiosidade por temas ligados à causalidade — especialmente quando abordados pela filosofia. Era uma espécie de fascínio silencioso, uma vontade de entender por que o mundo funciona da maneira como funciona. Mas esse interesse ganhou profundidade e direção durante meu mestrado em Gestão de Riscos na Universidade de Brasília.

Foi ali que conheci o Professor Doutor Ari Melo Mariano e seu trabalho com modelos PLS-SEM. Suas aulas abriram uma porta importante: percebi que a causalidade não era apenas uma discussão filosófica, mas também uma ferramenta concreta, capaz de iluminar decisões, projetos e pesquisas. Logo depois, sob orientação do Professor Doutor João Carlos Felix Souza, mergulhei na estatística moderna e percebi o quanto somos excelentes em medir associações — porém ainda tímidos quando o assunto é deduzir causas.

A curiosidade se transformou em entusiasmo nas aulas do Professor Doutor Marcelo Ladeira, também na Universidade de Brasília. Ao apresentar as provocações de Judea Pearl, ele nos mostrou um universo onde dados, lógica e filosofia conversam. Eu me encantei. Passei a ler Pearl com devoção — e este livro, devo dizer, carrega muito de sua influência. Procuro, de forma humilde, traduzir parte desse rigor para a prática, usando Python e programação, para que estudantes e pesquisadores possam aplicar essas ideias em seus próprios campos.

Mais tarde, no meu mestrado em Ciência de Dados na Escócia, sob orientação do Professor Doutor Kevin Sim, investiguei fatores que influenciam o PIB do Estado de São Paulo. A cada modelo, ficava mais evidente a pergunta essencial: "O que realmente causa o quê?" As associações eram claras, mas a causalidade ainda pedia mais precisão, mais cuidado, mais ousadia.

Foi finalmente no meu doutorado em Engenharia Eletrônica e Computação, no Instituto Tecnológico de Aeronáutica (ITA), que percebi algo fundamental: apesar de vivermos em uma era de dados abundantes, o estudo rigoroso da causalidade ainda é incipiente no Brasil — tanto na ciência quanto no mundo dos negócios. Esse reconhecimento acendeu em mim um propósito.

Este livro nasce desse propósito. Ele é uma ponte. Um convite. Uma esperança.

Escrevo para que alunos, professores, pesquisadores e profissionais encontrem aqui uma porta de entrada para uma abordagem mais criteriosa do mundo. Para que possamos sair da zona de conforto das correlações e associações e adentrar, com coragem e clareza, o território mais exigente e poderoso da causalidade.

Meu desejo é simples, mas sincero: que este livro te inspire. Que desperte sua curiosidade. Que seja um primeiro passo, talvez modesto, mas luminoso, em sua própria jornada rumo ao entendimento profundo de como o mundo da causalidade realmente funciona.

Boa leitura. E que a causalidade ilumine seus caminhos — assim como iluminou os meus.

Referências Bibliográficas

ANGRIST, J. D.; PISCHKE, J.-S. *Mostly harmless econometrics*. Princeton, NJ: Princeton University Press, 2008.

ARISTóTELES. *Metafísica*. [S.l.]: Editora UNESP, 1997. Tradução comentada; contém explicação das quatro causas.

ATHEY, S.; IMBENS, G. Recursive partitioning for heterogeneous causal effects. *Proc. Natl. Acad. Sci. U. S. A.*, Proceedings of the National Academy of Sciences, v. 113, n. 27, p. 7353–7360, jul. 2016.

BARON, R. M.; KENNY, D. A. The moderator–mediator variable distinction in social psychological research: Conceptual, strategic, and statistical considerations. *Journal of Personality and Social Psychology*, American Psychological Association (APA), v. 51, n. 6, p. 1173–1182, 1986. ISSN 0022-3514. Disponível em: <http://dx.doi.org/10.1037/0022-3514.51.6.1173>.

BLÖBAUM, P. et al. Dowhy-gcm: An extension of dowhy for causal inference in graphical causal models. *Journal of Machine Learning Research*, v. 25, n. 147, p. 1–7, 2024. Disponível em: <http://jmlr.org/papers/v25/22-1258.html>.

BONHOMME, S.; JOCHMANS, K.; WEIDNER, M. *A Neyman-Orthogonalization Approach to the Incidental Parameter Problem*. 2025. Disponível em: <https://arxiv.org/abs/2412.10304>.

BOX, G. E. P. et al. *Time series analysis*. 5. ed. Nashville, TN: John Wiley & Sons, 2015. (Wiley Series in Probability and Statistics).

BURKERT, W. *Greek religion*. London, England: Harvard University Press, 1987.

CARNEIRO, J. A. et al. Fatores de risco para a mortalidade de recém-nascidos de muito baixo peso em unidade de terapia intensiva neonatal. *Rev. Paul. Pediatr.*, FapUNIFESP (SciELO), v. 30, n. 3, p. 369–376, set. 2012.

CASELLA, G.; BERGER, R. L. *Statistical Inference*. 2nd. ed. [S.l.]: Duxbury, 2002. 397–398 p. Definição formal: "p-value is the probability, computed under the null hypothesis, that the test statistic would take a value as extreme or more extreme than that actually observed".

CHICKERING, D. M. Optimal structure identification with greedy search. *Journal of Machine Learning Research*, v. 3, p. 507–554, 2002. Artigo que introduz o algoritmo GES.

COLE, D. A.; MAXWELL, S. E. Testing mediational models with longitudinal data: questions and tips in the use of structural equation modeling. *J. Abnorm. Psychol.*, American Psychological Association (APA), v. 112, n. 4, p. 558–577, nov. 2003.

DOWHY. *DoWhy documentation 2014*. 2025. <https://www.pywhy.org/dowhy/v0.14>. [Accessed 20-11-2025].

ENGLE, R. F.; GRANGER, C. W. J. Co-integration and error correction: Representation, estimation, and testing. *Econometrica*, v. 55, n. 2, p. 251–276, 1987. Artigo clássico que introduz a cointegração.

FISHER, R. A. *The Design of Experiments*. 1. ed. [S.l.]: Oliver and Boyd, 1935. Obra clássica que introduz a aleatorização em experimentos controlados.

FISHER, R. A. Statistical methods for research workers. In: ____. *Breakthroughs in Statistics*. Springer New York, 1992. p. 66–70. ISBN 9781461243809. Disponível em: <http://dx.doi.org/10.1007/978-1-4612-4380-9_6>.

GRANGER, C. W. J. Investigating causal relations by econometric models and cross-spectral methods. *Econometrica*, v. 37, n. 3, p. 424–438, 1969. Artigo seminal que introduz causalidade de Granger.

GRANGER, C. W. J. Testing for causality. *Journal of Economic Dynamics and Control*, v. 2, p. 329–352, 1980. Expansão da teoria de causalidade de Granger.

HUME, D. *An Enquiry Concerning Human Understanding*. [S.l.]: Oxford University Press, 1748. Edição clássica; discussão da causalidade e da conjunção constante.

IMAI, K.; KEELE, L.; YAMAMOTO, T. Identification, inference and sensitivity analysis for causal mediation effects. *Stat. Sci.*, Institute of Mathematical Statistics, v. 25, n. 1, p. 51–71, fev. 2010.

IMBENS, G. W.; RUBIN, D. B. *Causal Inference for Statistics, Social, and Biomedical Sciences*. Cambridge, England: Cambridge University Press, 2015.

JAMES, G. et al. *An Introduction to Statistical Learning with Applications in R*. New York: Springer, 2013.

JIN, Y.; REN, Z.; CANDèS, E. J. Sensitivity analysis of individual treatment effects: A robust conformal inference approach. *Proceedings of the National Academy of Sciences*, Proceedings of the National Academy of Sciences, v. 120, n. 6, fev. 2023. ISSN 1091-6490. Disponível em: <http://dx.doi.org/10.1073/pnas.2214889120>.

JOHANSEN, S. Statistical analysis of cointegration vectors. *Journal of Economic Dynamics and Control*, v. 12, p. 231–254, 1988. Trabalho fundamental sobre o método de Johansen para cointegração.

JÖRESKOG, K. G. A general approach to confirmatory maximum likelihood factor analysis. *Psychometrika*, v. 34, p. 183–202, 1969. Primeiro artigo de Jöreskog estruturando a base do SEM moderno.

JÖRESKOG, K. G. A general method for estimating a linear structural equation system. *The Annals of Mathematical Statistics*, v. 41, n. 3, p. 1042–1063, 1970. Artigo fundamental na formulação do SEM e uso de variáveis latentes.

KÜNZEL, S. R. et al. Metalearners for estimating heterogeneous treatment effects using machine learning. *Proc. Natl. Acad. Sci. U. S. A.*, Proceedings of the National Academy of Sciences, v. 116, n. 10, p. 4156–4165, mar. 2019.

LAURITZEN, S. L.; SPIEGELHALTER, D. J. Local computations with probabilities on graphical structures and their application to expert systems. *Journal of the Royal Statistical Society. Series B*, v. 50, n. 2, p. 157–224, 1988. Artigo seminal sobre redes bayesianas e grafos probabilísticos.

LOUIZOS, C. et al. Causal effect inference with deep latent-variable models. In: *Proceedings of the 31st International Conference on Neural Information Processing Systems*. Red Hook, NY, USA: Curran Associates Inc., 2017. (NIPS'17), p. 6449–6459. ISBN 9781510860964.

MACKINNON, D. P.; FAIRCHILD, A. J.; FRITZ, M. S. Mediation analysis. *Annu. Rev. Psychol.*, Annual Reviews, v. 58, n. 1, p. 593–614, 2007.

MILL, J. S. *A System of Logic, Ratiocinative and Inductive*. [S.l.]: Longmans, Green and Co., 1843. Obra onde Mill apresenta os métodos empíricos para inferência causal.

NAGARJUNA. *Mulamadhyamakakarika: Fundamentos do Caminho do Meio*. Traducao moderna baseada em fontes classicas, c. 150. Edicao e traducao moderna consultada. Disponível em: <https://en.wikipedia.org/wiki/Mūlamadhyamakakārikā>.

NEYMAN, J. On the application of probability theory to agricultural experiments: Essay on principles. *Statistical Science*, v. 5, n. 4, p. 465–472, 1990. Reimpressão traduzida do manuscrito de 1923; base do modelo de resultados potenciais.

ORCHARD, A. *Cassell dictionary of Norse mythology and legend*. London, England: Cassell Reference, 1997.

PEARL, J. *Probabilistic Reasoning in Intelligent Systems: Networks of Plausible Inference*. [S.l.]: Morgan Kaufmann, 1988. Obra que introduz redes bayesianas e o raciocínio gráfico probabilístico.

PEARL, J. *Causality: Models, Reasoning, and Inference*. 2. ed. [S.l.]: Cambridge University Press, 2009.

PEARL, J. *Causality: Models, Reasoning, and Inference*. 2. ed. [S.l.]: Cambridge University Press, 2009. Referência definitiva sobre d-separation e do-calculus.

PEARL, J. Direct and indirect effects. In: *Probabilistic and Causal Inference*. New York, NY, USA: ACM, 2022. p. 373–392.

PEARL, J.; MACKENZIE, D. *The Book of Why: The New Science of Cause and Effect*. [S.l.]: Basic Books, 2018.

RUBIN, D. B. Estimating causal effects of treatments in randomized and nonrandomized studies. *Journal of Educational Psychology*, v. 66, n. 5, p. 688–701, 1974. Artigo que formaliza o Rubin Causal Model.

SHANNON, R. E. *Systems Simulation*. Old Tappan, NJ: Prentice Hall, 1975.

SHARMA, A.; KICIMAN, E. Dowhy: An end-to-end library for causal inference. *arXiv preprint arXiv:2011.04216*, 2020.

SIMS, C. A. Macroeconomics and reality. *Econometrica*, JSTOR, v. 48, n. 1, p. 1, jan. 1980.

SPIRTES, P.; GLYMOUR, C. An algorithm for fast recovery of sparse causal graphs. *Social Science Computer Review*, v. 9, n. 1, p. 62–72, 1991. Artigo que introduz o algoritmo PC.

SPIRTES, P.; GLYMOUR, C.; SCHEINES, R. *Causation, Prediction, and Search*. 2. ed. [S.l.]: MIT Press, 2000. Livro fundamental que introduz o algoritmo FCI e discute busca causal.

THOMAS, E. Miller, rupert g. jr.: Beyond ANOVA, basics of applied statistics. wiley, new york – chichester – brisbane – toronto – singapore 1986, 317 s., £ 30.65; ISBN 0-471-81922-0. *Biom. J.*, Wiley, v. 30, n. 7, p. 874–874, jan. 1988.

TODA, H. Y.; YAMAMOTO, T. Statistical inference in vector autoregressions with possibly integrated processes. *Journal of Econometrics*, v. 66, n. 1–2, p. 225–250, 1995. Artigo seminal do teste Toda–Yamamoto.

VANDERWEELE, T. *Explanation in causal inference*. New York, NY: Oxford University Press, 2015.

VERMA, T.; PEARL, J. Causal networks: Semantics and expressiveness. In: *Proceedings of the 4th Conference on Uncertainty in Artificial Intelligence*. [S.l.: s.n.], 1988. p. 352–359. Trabalho fundamental no desenvolvimento de diagramas causais.

VIGEN, T. *Spurious Correlations*. New York: Hachette Books, 2015. ISBN 9780316339438.

WRIGHT, S. Correlation and causation. *Journal of Agricultural Research*, v. 20, p. 557–585, 1921. Artigo seminal onde Wright introduz o conceito de path analysis.

WRIGHT, S. The method of path coefficients. *The Annals of Mathematical Statistics*, v. 5, n. 3, p. 161–215, 1934. Obra clássica desenvolvendo os coeficientes de caminho.

www.ingramcontent.com/pod-product-compliance
Lightning Source LLC
LaVergne TN
LVHW050844051026
849532LV00006BA/2107